DER INNERE WEG
im Universellen Leben

Stufe der Ordnung

DER INNERE WEG

im Universellen Leben

Stufe der Ordnung

Offenbart
von Bruder Emanuel,
dem Cherub der göttlichen Weisheit,
gegeben und erläutert durch die
Prophetin Gottes

Gabriele -Würzburg

Christus, der Schlüssel
zum Tor des Lebens
Universelles Leben

Der beim Verkauf dieses Buches
erzielte Überschuß dient
zur Weitergabe von Büchern und Cassetten
mit Offenbarungen des Christus-Gottesgeistes
an Menschen in den Ländern
der Dritten Welt und Osteuropas.

2. Auflage 1991
überarbeitet und in neuer Gestaltung

Druck: Druckerei Joh. Walch GmbH & Co, Augsburg

ISBN 3-89371-234-8

Zum rechten Gebrauch

In der „Welt“ haben wir unsere Unterrichts- und Schulklassen – und es ist hier selbstverständlich, daß ein Grundschüler nicht sogleich auch die höhere Schule besuchen kann. Das gleiche gilt auch auf dem Inneren Weg.

Wollen wir mehrere Wege auf einmal gehen oder sie ausprobieren, dann werden wir in unseren Gedanken und Handlungen zerrissen sein und nicht mehr wissen, was richtig und falsch ist.

Wenn wir kein Ziel vor Augen haben, sind wir zerrissen. Jede Zerrissenheit führt zu Spannungen und zur Störung des inneren Gleichgewichts.

Deshalb raten wir, nur e i n e n Weg zu gehen. Welchen, das bleibt jedem selbst überlassen!

Dieser Weg ist ein Angebot unseres Erlösers, Christus.

Der Mensch kann ihn gehen oder auch nicht. Wenn er jedoch diesen Weg geht, dann sollte er sich ganz auf diesen e i n e n Weg konzentrieren und sich von Nebenwegen völlig befreien.

Die Christusfreunde
im Universellen Leben

Würzburg, im November 1987

Inhalt

Vorwort

Wir sind auf Erden, um wieder göttlich zu werden! Christus hat in unserer Zeit erneut eine Christliche Mysterienschule ins Leben gerufen. In dieser Hohen Schule des Geistes lehrt Sein Diener, der Cherub der göttlichen Weisheit - auf Erden Bruder Emanuel genannt –, über das Prophetische Wort den unmittelbaren und kürzesten Weg zu Gott.

Die Prophetin Gottes, Gabriele - Würzburg, ging uns diesen steilen und direkten Pfad zu Gott voraus, den Weg der Läuterung und Reinigung, den Weg zum kosmischen Bewußtsein, zur bewußten Einheit mit Gott. Sie hatte dabei vieles zu durchleben und zu durchleiden. Darum kann sie uns auch in allem verstehen und uns bei unserer Entwicklung beistehen - auf unserem Weg in die ewige, himmlische Heimat.

Die grundlegenden Schulungstexte in diesem Buch sind aus den Offenbarungen unseres Geistigen Lehrers, Bruder Emanuel. Unsere Schwester Gabriele gab bei den Schulungen aus ihrem erschlossenen geistigen Bewußtsein weitere Einzelheiten, welche in die Texte dieses Buches mit eingearbeitet wurden.

Auf der ersten Stufe des Inneren Weges, auf der Stufe der Ordnung, lernen wir, unsere Gedanken zu ordnen, die Rede zu zügeln und die Sinne zu verfeinern und nach innen zu wenden. Die Devise lautet hier: Erkenne dich selbst! Das heißt: Es gilt, alle Schwächen, Neigungen, Bindungen, Meinungen und Vorstellungen zu erkennen und zu überwinden - indem wir diese Christus übergeben und das erkannte Negative nicht mehr tun.. Nicht durch Fanatismus, sondern aus Liebe zu Gott bekämpfen wir auf dieser Gratwanderung das menschliche Ich, unsere Fehler, unsere Selbstsucht. Durch Bereuen, Vergeben, Um-Vergebung-Bitten und durch die verwandelnde Kraft Christi werden wir Schritt für Schritt frei für ein Leben in Frieden mit unseren Nächsten.

Durch die Selbsterkenntnis und Verwirklichung der ewigen Gesetze können Seele und Mensch geistig reifen. Der Gott zustrebende Mensch, der sich ganz auf das Höchste ausrichtet, entwickelt in sich Schritt für Schritt die wahre, selbstlose Liebe – wodurch er allmählich im göttlichen Bewußtsein erwacht, in dem Maße, wie er die Bewußtseinsstufen in sich erschließt.

Den Inneren Weg zu Gott kann jeder, der es möchte, beschreiten – entweder im Alleingang mit den vorliegenden Büchern oder in der Gemeinschaft. In der Gemeinschaft – im persönlichen Kurs – helfen die Wanderer zu Gott einander bei der Selbsterkenntnis und gesetzmäßigen Bereinigung ihrer Fehler und Schwächen, ihrer Schwierigkeiten und Probleme.

Jedem Willigen, der diesen christlich-mystischen Pfad der Liebe zu Gott gehen möchte, wird dieses göttliche Geschenk angeboten. Und jeder kann sich frei entscheiden. Nur: Er sollte sich wirklich entscheiden und dann diesen Weg auch mit ganzem Herzen – aus Liebe zu Gott – beschreiten. Denn: Wir sind auf Erden, um göttlich zu werden.

Die Christusfreunde
im Universellen Leben

I.
Der Innere Weg
im
Universellen Leben

1. Christusoffenbarung vom 18.4.1987

Anläßlich des 5. Internationalen Festivals im Universellen Leben in Frankfurt a.M. sprach Christus in einer großen Offenbarung u.a. über den Inneren Weg:

Der Innere Weg ist der Weg zum Herzen Gottes.

Jeder beginnt mit der Kontrolle seiner Gedanken. Setze den menschlichen, negativen Gedanken – den Gedanken des Hasses, des Neides, der Feindschaft, des Streites, des Zankes ... – positive Gedanken entgegen, Gedanken der selbstlosen Liebe, Gedanken des Friedens, der Hoffnung, der Zuversicht und des Glaubens. Dann schwinden die mürrischen, zweiflerischen, gehässigen und abwertenden Gedanken. Du empfängst durch die positiven Gedanken viel mehr Licht, und dir ist es dann auch möglich, all das, was in deinem Ober- und Unterbewußtsein aktiv ist, eventuell die Vergangenheit, zu erkennen und kraft der inneren Liebe zu überwinden. Deine irdischen Wünsche drängen deine Sinne nicht mehr nach außen. Du wirst dir kleinere Wünsche erfüllen, gemäß deiner augenblicklichen Situation, und dich daran erfreuen. Dadurch wird auch der Eigenwille vergehen, und an die Stelle des Eigenwillens, des niedrigen, kleinen Ichs, tritt der göttliche Wille, der lautet: „Des Vaters Wille soll geschehen. Vater, zeige Du mir, was gut ist!"

Und der, der in euch wohnt und beständig in euch pocht, wird euch über die Empfindungen und Gefühle offenbaren, was Sein Wille ist. Ihr empfindet plötzlich: „Warum soll ich meinem Nächsten feindlich gesinnt sein? Ich mache nun den ersten Schritt, gehe hin und bitte um Vergebung, obwohl ich bisher glaubte, er müsse zu mir kommen und mich um Vergebung bitten.“ Du tust den ersten Schritt, und du verspürst Freiheit. Du hast losgelassen. Der Vater in dir führte dich, und du spürst nun Frieden, und du strömst diesen Frieden aus. Dein Nächster, mit dem du Feindschaft hegtest, ist jetzt bewußt dein Bruder, dein Freund.

Diese Aufmunterung aus deinem Inneren bewirkt weitere Schritte. Du bereinigst die Vergangenheit, läßt los, woran du dich gebunden hast, daß dein Nächster zum Beispiel so denken und handeln müßte, wie du es willst. Der freie Wille besagt: Dein Nächster ist ebenfalls ein Kind Gottes und wieder anders belastet als du. Er muß noch diese und jene Schritte tun, um dann den Weg, den unmittelbaren Weg zum Herzen Gottes, zu finden. Das war der Wille Gottes in dir. Laß los, und sei deinem Nächsten Freund und Bruder, sei Schwester, sei ein Kind Gottes, und du läßt los in dem Erkennen: „Ja, er oder sie besitzen den freien Willen. Ich darf meinen Nächsten nicht gängeln, ihm nicht meinen Willen aufzwingen.“

Befolgst du die feinen Empfindungen deines Inneren, dann erwacht in dir immer mehr die selbstlose, die unpersönliche Liebe, und du empfindest Frieden und Freude. Du fühlst ein beseelendes, freies Gefühl; es ist das Licht des Vaters in Mir, dem Christus. Dein Bewußtsein weitet sich, und du siehst die Welt mit ganz anderen Augen. Du verspürst: die Welt bedarf der Befreiung. So viele Menschen leben an Ketten ihres menschlichen Ichs, sind durch ihr eigenes Ich versklavt. Not, Krankheit, Siechtum und vieles mehr erkennst du. Was tust du?

Du spürst den Willen Gottes, ein zartes Drängen in dir, es will dir sagen: Mein Kind, tue den nächsten Schritt hin zur göttlichen Weisheit, zur göttlichen Tat. Trage in diese Welt die Gerechtigkeit, denn es soll sein Gerechtigkeit vor Recht. In der Gerechtigkeit vereinen sich alle Menschen und Wesen, die Gott in sich empfinden. – Und du tust den ersten Schritt, und in dir erwacht die Tat, die Weisheit. Gott, das Göttliche, strömt zu deinen Empfindungen und Gefühlen und will dir sagen: O siehe, das ewige Gesetz der Liebe besagt: Bete und arbeite. Rechtes Arbeiten ist gleich rechtes Beten, ist gesetzmäßiges Leben ...

Du erkennst plötzlich, daß der Innere Weg, der Weg zum Herzen Gottes, nicht nur für den einzelnen bestimmt ist, nicht nur, um dich selbst zu entfalten. Auf der Stufe der Weisheit, der Tat, fühlst du: Jetzt darfst du aus deinem Inneren schöpfen, ja du kannst es, du hast Erfahrung durch Überwindung deines menschlichen Ichs. Und es drängt dich, mitzuhelfen, das innere Reich, dem du so nahe bist, im Äußeren werden und wachsen zu lassen.

2. Wichtige Hinweise zur Beachtung

Liebe Schwester, lieber Bruder auf dem Inneren Weg, der Innere Weg im Universellen Leben wird uns gelehrt aus dem Geiste Gottes, in dem wir alle Brüder und Schwestern sind. Deshalb wollen wir uns auch in der geschwisterlichen Anrede begegnen, im verbindenden „Du“.

Dabei schätzen und achten wir einander, in dem immer tiefer werdenden Bewußtsein, daß wir Menschen des Geistes sind und daß wir in der Liebe Gottes miteinander verbunden sind.

Liebe Schwester, lieber Bruder, wenn du dich entscheidest, diesen intensiven Weg im Universellen Leben zu beschreiten, dann solltest du innerlich bereit sein, dein Leben konsequent auf den Meister in dir, auf Christus, auszurichten.

Du solltest neben diesem intensiven Kurs keine weiteren geistigen Übungen und Praktiken ausführen, auch wenn diese christlich genannt werden.

Stellen wir uns vor, daß wir einen Fluß überqueren möchten. Der Fluß ist unser menschlich Ich, das es zu überwinden gilt. Besteigen wir zwei Boote, indem wir in jedes Boot einen Fuß setzen, werden wir bei der ersten kleinsten Strömung ins Schwanken geraten, bei einer größeren Strömung zu taumeln beginnen und ins Wasser fallen. Ebenso verhält es sich auf dem Inneren Weg: Können wir uns nicht klar entscheiden für e i n e n geistigen Weg – um in unserem Bild zu blei-

ben, für ein stabiles Boot, von dem wir glauben, daß es uns sicher zum anderen Ufer geleitet –, dann werden wir früher oder später Schiffbruch erleiden.

Jeder Mensch ist zugleich Sender und Empfänger. Richten wir uns durch gleichzeitiges Praktizieren verschiedener geistiger Techniken auf mehrere Schwingungen aus, so wird in uns, im Empfänger, ein Wirbel von Kräften wirksam, dem nicht jeder Mensch standhalten kann.

Die Schulungen auf dem Inneren Weg im Universellen Leben richten sich an Geist, Seele und Körper. Sie können zu Beeinträchtigungen führen bei Menschen, die

- *an vorbestehenden psychischen Störungen oder Erkrankungen leiden,*
- *während der letzten drei Jahre in psychiatrischer und/oder psychotherapeutischer Behandlung gestanden haben,*
- *bewußtseinsverändernde, beruhigende oder stimulierende Medikamente einnehmen (wie z.B. Valium, Librium, Lexotanil, Antidepressiva, Neuroleptika, antriebssteigernde Mittel, Schlafmittel usw.),*
- *von Suchtmitteln und Drogen im weitesten Sinne abhängig sind (auch Alkohol und Nikotin),*
- *derzeit andere spirituelle Praktiken und geistige Techniken (wie z.B. Yoga, Zen, TM, Autogenes Training usw.) ausüben oder bis vor kurzem ausgeübt haben.*

In der Zeit einer Schwangerschaft sollte der Kurs unterbrochen werden. Die werdende Mutter, die den heranreifenden Embryo trägt, sollte keinen allzu großen Schwankungen des menschlichen Ichs ausgesetzt sein, damit sich der Embryo in Ruhe auf die inkarnierende Seele vorbereiten kann.

Nach der Entbindung kann dort fortgesetzt werden, wo unterbrochen wurde. Es ist jedoch von Vorteil, wenn der oder die letzten Schritte noch einmal wiederholt werden.

Liebe Schwester, lieber Bruder, wer sich auf den intensiven Schulungsweg begibt, der sollte nicht mehr mit allzu schweren mitmenschlichen Problemen ringen, insbesondere in Ehe und Partnerschaft. Er sollte seine Vergangenheit weitgehend bewältigt haben, das heißt vor allem vergeben und um Verzeihung gebeten haben, wo Streit mit dem Nächsten war.

Dann wird er mit seinen Gedanken nicht mehr Vergangenem nachhängen, sondern wach und konzentriert in jeden neuen Tag gehen. Er wird die ihm von Gott geschenkten Energien gezielt einsetzen bei der Bewältigung der täglichen Übungen und Aufgaben. Durch stetige Arbeit an sich selbst wird er geistig reifen und sein Bewußtsein erweitern. So wird ihm der Innere Weg Freude bereiten und innere Erfüllung sein.

Liebe Schwester, lieber Bruder, die erste Stufe auf dem Inneren Weg, die Ordnungsstufe, setzt sich zusammen aus einer Einweihungsoffenbarung sowie fünf aufeinanderfolgenden Kapiteln mit Lehren und Lek-

tionen, die uns helfen, den Inneren Weg erfolgreich zu beschreiten.

Die in Teil II, 2. „Grundlegende Lehren und Anweisungen für die Stufe der Ordnung“ beschriebenen Aufgaben und Übungen sind die Grundlage für die Ordnungsstufe, die während des gesamten Kurses praktiziert werden. Die in den folgenden Teilen 3. bis 6. beschriebenen Aufgaben und Übungen sollen von dir nur so lange praktiziert werden, bis du fühlst, daß du sie weitgehend verwirklicht hast. Erst dann, wenn du alle Aufgaben eines Teiles abgeschlossen hast, solltest du zum jeweils nächsten Teil übergehen, da jeder Teil auf dem vorhergehenden aufbaut.

Liebe Schwester, lieber Bruder, Du siehst also, daß der Wanderer auf dem Inneren Weg seinen Fortschritt selbst bestimmt. Das erfordert allerdings ein gewisses Maß an Selbstdisziplin und Ehrlichkeit sich selbst gegenüber.

Aus eigener Erfahrung wissen wir, daß wir fallen, wenn wir versuchen, den zweiten Schritt vor dem ersten zu tun. So ist es auch auf dem Inneren Weg: Greifen wir den Aufgaben vor, ohne die vorausgegangenen im alltäglichen Leben weitgehend verwirklicht zu haben, werden wir fallen. Sind wir aber ehrlich zu uns selbst, dann wird uns der Innere Weg viel Freude bereiten, und wir werden in uns Harmonie erfahren.

Gott zum Gruß!

Die Christusfreunde
im Universellen Leben

II.
Stufe der Ordnung

1. Einweihung

Voraussetzung für den Inneren Weg – Berufen? – Heroischer Opfermut – Von außen nach innen – Rechte Disziplin: Liebe zu Gott – Stimmenhören – Inneres Wort und Prophetisches Wort – Die Reinigung der Seele

—

Unsere Schwester Gabriele begrüßte uns als Schüler auf dem Weg zu Gott:

Gott zum Gruß, lieber Bruder, liebe Schwester!

Die erste Stunde, die den willigen, Gott zustrebenden Menschen auf den Inneren Weg führt, hin zum Reich Gottes in uns, ist die Einweihung aus dem Geiste des Herrn.

Die folgenden Unterweisungen gab uns in der Christlichen Mysterienschule, der Hohen Schule des Geistes Gottes auf Erden, Bruder Emanuel – der Cherub der göttlichen Weisheit, ein Gesetzesengel – für alle Menschen, die ihre Sinne veredeln wollen, um dem Göttlichen im Menschen näherzukommen.

Die Schulung und die daraus erfolgende Verwirklichung bewirkt auf den ersten vier Grundstufen – von der göttlichen Ordnung bis zum göttlichen Ernst – die Reinigung der Seele und die Bewußtseinserweiterung, so daß wir am Ende der vierten Stufe Christus, die allmächtige Kraft im Vater, in uns zu hören vermögen. Erst wenn unser Bewußtsein die entsprechende Erwei-

terung erlangt hat – durch Reinigung der Seele –, werden wir dieses großes Mysterium erfahren.

Der Geist der Seele offenbart sich demjenigen, der sein Leben, sein ganzes Sinnen und Trachten, Ihm, dem großen All-Einen, geweiht hat. Dann werden wir auch Menschen und Dinge so sehen, wie sie tatsächlich sind.

Das Hören des Geistes in uns ist nur eine Vorstufe zu unserer Einheit mit dem ewigen Sein: Wir sollen schließlich wieder so sein, wie Gott uns geschaffen hat. Dann bedarf es nicht mehr des inneren Hörens, sondern wir sind wieder selbst das universelle Bewußtsein.

Das universelle Bewußtsein ist der Logos in uns, der Geist, der sodann durch uns empfindet, denkt und spricht. Dann werden wir nicht mehr auf die Worte der Menschen angewiesen sein, die im Grunde so wenig aussagen – und die denjenigen, der nur auf das Wort hört und den Sinn nicht erfaßt, oftmals täuschen und verwirren. Der Erleuchtete, der aus dem Rad der Wiedergeburt gefunden hat, nimmt nicht mehr das Gesagte als bare Münze, sondern er sieht hinter die Worte, da er den Menschen kennt, so, wie er ist: wie er denkt und lebt, nicht, wie er sich gibt. Die Schleier, die unsere Sinne getrübt haben, sind sodann von uns abgefallen. Dadurch sehen wir auch unseren Nächsten, wie er tatsächlich ist, nicht, wie er sich gibt.

Die weitere Entwicklung unseres Bewußtseins ist sodann die Innenschau, der Blick für das geistig Edle und Schöne. Alles zusammen, das Leben aus dem ewigen Gesetz, ist das höchste Mysterium, das ein Mensch am Ende des Inneren Weges zu erreichen vermag.

Um das hohe Ziel zu erlangen, muß der Wanderer auf dem Pfad nach Innen zuerst seine menschliche Natur, sein Ich, kreuzigen. Er muß durch Selbsterkenntnis und Verwirklichung geistig wachsen und reifen. Das heißt: Nur durch Verwirklichung der ewigen Gesetze gelangen Seele und Mensch zum hohen Ziel.

Lieber Bruder, liebe Schwester! Du setzt nun den geistigen Fuß auf den Inneren Weg. Bevor wir mit der Einweihung auf der Stufe der Ordnung beginnen und mit den ersten Lektionen und Übungen, bitte ich dich, folgendes zu beachten:

Der Innere Weg ist eine Gratwanderung. Auf dieser Gratwanderung wird uns unser Ich, all unsere Menschlichkeit, in vielen Gestalten begegnen. Unsere Vergangenheit wird empordämmern. Dinge und Geschehnisse werden uns wieder erfassen, an die wir schon längst nicht mehr gedacht haben und die doch noch in uns, in unserer Seele, liegen und uns auch als Strahlung umgeben. Es sind Dinge, die wir noch aufzuarbeiten haben, oder Geschehnisse, wofür wir um Vergebung bitten oder vergeben sollen.

Vieles wird uns auf dem Inneren Weg begegnen, das nur uns selbst betrifft. Deshalb heißt es: Selbsterkenntnis und Verwirklichung der Gesetze Gottes – damit wir wieder göttlich werden.

Ohne geistiges Wissen jedoch können wir den Pfad nach Innen, zum Reich Gottes, nicht betreten. Und ohne Christus, unseren Erlöser, werden wir auch nicht vorankommen. Christus gab uns durch Sein Kreuzesopfer die Kraft, ins Vaterhaus zurückzukehren. Seine Hilfe und Seine Unterstützung sind die Gnade auf dem Weg dorthin.

Wir müssen jedoch auf dem Weg nach Innen den ersten Schritt tun: Wir müssen unsere Fehler und Schwächen, die Belastungen unserer Seele und unseres Leibes, zuerst erkennen und uns bemühen, sie allmählich abzulegen. Dann wird die Gnade des Ewigen in Christus vermehrt wirksam in uns. Denn Seine Erlösertat ist Balsam und Stärkung für unsere Seele.

Seit der Erlösertat Christi gibt es ohne Christus keinen Weg mehr zurück in die Absolutheit. Deshalb geht der Innere Weg nur mit Christus. Die erlösende Gnade des Herrn stärkt uns und hilft uns, alles zu überwinden, was uns hindert, wieder Gottes Ebenbild zu sein. Wir müssen jedoch auch das Unsere tun, um auf dem Inneren Weg gesetzmäßig voranzukommen. Nicht durch Fanatismus, sondern aus Liebe zu Gott sollen wir unser Ich bekämpfen und es Christus hintragen, der dann mit uns der Überwinder unserer Belastungen ist.

Menschen haben einen Verstand mitbekommen. Ist dieser entsprechend geschult – das heißt, sind wir gegenüber unserem Nächsten verständnis- und liebevoll, ohne gleich zu urteilen und zu verurteilen, wenn dieser nicht unserer Meinung ist oder nicht vollbringt, was wir wollen –, dann ist die Vernunft die Siegerin über den Intellekt, der einengend ist und seine Mitmenschen gern schulmeistert und abwertet.

Lassen wir also die Vernunft walten! Die Vernunft sagt uns, daß diejenigen, die den Inneren Weg zu wandeln beginnen, sich nicht mit Halbheiten begnügen sollen. Halbheiten wären es, wenn wir glauben, wir wären auf dem Inneren Weg in Kürze so weit, die Stimme des Ewigen hören und die himmlischen Welten und ihre Bewohner sehen zu können. Die Selbsterkenntnis holt den Vernünftigen immer wieder zurück, wenn er zu glauben beginnt, er sei schon weit auf dem geistigen Weg gereift. Die Vernunft läßt ihn schauen, wo er steht und mit welchen Gedanken er sich umgibt, die ihn gleichsam umgarnen. Wer zu sich selbst getreu ist, indem er sich nichts vormacht, wird sehr schnell seinen geistigen Stand feststellen und erkennen, daß er sich oftmals selbst etwas vormacht und daß der Wunsch der Vater des Gedankens war.

Das Wollen ist sehr gefährlich auf dem geistigen Weg. Wollen wir etwas, dann senden wir Gedanken aus, die für uns arbeiten. Je öfter wir die Wünsche in die Welt senden, um so stärker werden die Gedankenkomplexe. Unsere eigenen Wünsche als Gedankenkomplexe arbeiten sodann für uns und schaffen herbei, was wir an Wunschgedanken ausgesandt haben.

Wollen wir zum Beispiel mit kosmischen Bewohnern, mit Seelen, in Verbindung treten, dann kann diese Möglichkeit eintreten, wenn wir glauben, wir müßten nun unbedingt innere Erfahrungen sammeln. Astralerfahrungen, das heißt Wahrnehmungen aus den See-

lenreichen der Reinigungsebenen, sind keine inneren Erfahrungen. Sie beruhen nicht auf unserer inneren Entwicklung, sondern werden durch unsere Gedankenwünsche, die sich im Äußeren als Kraftfelder aufgebaut haben, herbeigeführt.

Solche und ähnliche Wunschgedanken sind gefährlich auf dem Inneren Weg. Sie können nicht nur unsere Sinne über die Realität täuschen, sondern auch Kräfte abrufen, die uns so stark beeinflussen, daß wir unserer Sinne nicht mehr mächtig sind. Lassen wir also die Vernunft walten!

Wir wollen Gott gefallen, indem wir unsere Gedanken und Sinne ordnen und reinigen. Wir sind Kinder des Allerhöchsten und sollten nur von dem einen Wunsch beseelt sein, Gott, unserem Herrn und Vater, zu gefallen, indem wir ein Leben nach den göttlichen Gesetzen anstreben.

Der Innere Weg, der im Universellen Leben geboten wird, besteht nicht darin, Wesenheiten aus den Zwischenreichen anzurufen oder mit äußerster menschlicher Willensanstrengung Wahrnehmungen zu erhalten. Der Innere Weg im Universellen Leben besteht in einer Schulung, in der die Ausrichtung der Seele und des Menschen auf das höchste Ziel angestrebt wird: wieder göttlich zu werden, das heißt, edel, rein und gut zu denken, zu sprechen und zu handeln.

Unsere Empfindungen sollen gleich unseren Gedanken sein und unsere Gedanken gleich unseren Worten und Handlungen. Können wir alles aussprechen, was wir denken, ohne unsere Mitmenschen zu verletzen, dann haben wir einen hohen Grad an selbstloser Liebe erlangt. Dann können wir sagen, wir haben einige Schritte auf dem Inneren Weg erfolgreich vollzogen.

Der Innere Weg im Universellen Leben kann auch wie folgt gesehen werden: Wir besteigen nun einen Fahrstuhl ohne Fenster. Auf der Stufe der Ordnung drücken wir auf die vierte Taste, es ist die vierte Grundstufe des Bewußtseins, der göttliche Ernst, auf der das Erlöserlicht brennt.

Wir werden uns bemühen, unser Leben zu meistern - nicht in Müßiggang, im Eremiten-Dasein oder gar durch Kasteiung, sondern durch Selbsterkenntnis und Überwindung dessen, was wir Negatives an uns erkannt haben. Wir übergeben unser Ich Christus, unserem Erlöser, der uns auf dem Inneren Weg mit Seiner Gnade und Liebe führt.

Wir werden nicht von Eigenliebe und der Neugierde getrieben, den Fahrstuhl anzuhalten und hinauszublicken, um zu sehen, was in den Zwischenreichen geschieht. Wir werden also unsere Wanderung zum Reiche Gottes nicht durch Neugierde unterbrechen, um zu sehen, wie in den noch bestehenden Schattenreichen das Leben beschaffen ist. Wir werden also den Fahrstuhl nicht anhalten, indem wir den ersten oder zweiten Knopf betätigen, um auf der Stufe der Ordnung oder des Willens hinauszuschauen, um zu sehen, was sich wohl dort, in den Zwischenreichen, abspielt.

Wir bemühen uns, unsere Blicke auf das e i n e Ziel zu richten: frei zu werden von unserer niederen Natur, von unserem Ich, das uns quält und uns durch menschliche Gedanken immer wieder versuchen möchte. Wir bleiben also im Fahrstuhl, ohne zu fragen, wie es wohl in den Astralreichen aussieht. Wir werden auch nicht unsere menschlichen Wünsche aussenden, um etwas hören zu wollen. Denn wollen wir etwas, dann werden wir es erhalten - entsprechend unserem Wollen und Wünschen.

Halten wir durch, trotz Gratwanderung, trotz Höhen und Tiefen, dann werden unsere Bemühungen reichlich belohnt werden. Sind wir geläutert und gereinigt, haben wir die vierte Grundstufe weitgehend absolviert, dann stellt sich das Göttliche wie automatisch ein: Wir werden wieder zum göttlichen Gesetz, und das Gesetz, Gott in Christus, wird sich uns sodann offenbaren.

Der einzige Wunsch, den wir hegen und pflegen sollen, ist, wieder göttlich zu werden, rein, edel und gut – in Empfindungen, Gedanken, Worten und Handlungen, in all unseren Werken.

Lieber Bruder, liebe Schwester, der Innere Weg im Universellen Leben ist ein Geschenk von Gott, unserem Vater, in Christus, unserem Erlöser. Sein Geschenk dürfen wir dankbar annehmen. Wir m ü s s e n es jedoch nicht annehmen – wir dürfen!

Präge dir bitte ein: Jeder von uns hat den freien Willen. Keiner wird gezwungen, zu glauben, was offenbart ist, oder den Inneren Weg zu gehen. Was Gott, unser Herr in Christus, unserem Erlöser, in Seinem Werk, dem Universellen Leben, anbietet – Sein Wort, den Weg –, ist absolut frei.

Lieber Bruder, liebe Schwester, du kannst den Inneren Weg gehen oder ihn lassen. Wir werden kein Geschwister beeinflussen. Gott hat jedem Menschen den freien Willen gegeben. Wir respektieren ihn. Wir Geschwister im Universellen Leben haben jedoch eine Bitte: Solltest du den Inneren Weg im Universellen Leben beschreiten, dann tue es mit vollem Herzen! Gehe nebenbei keine anderen geistigen Wege! Entschließe dich entweder für diesen oder für einen anderen Weg. Es steht dir frei zu wählen. Wir bitten dich jedoch, zu wählen und dich zu entscheiden, damit du im Laufe deines geistigen Werdeganges diesbezüglich keine Schwierigkeiten bekommst.

Wollen wir zwei Wege gehen, dann werden sich diese früher oder später kreuzen. Jedesmal, wenn sich diese beiden Wege kreuzen, wirst du persönlich Schwierigkeiten bekommen. Du ermüdest entweder, weil es viel schwieriger ist, zwei Wege zu gehen als einen Weg; oder du kommst in Glaubensschwierigkeiten, in Zweifel, welcher Weg wohl der richtige ist. Der Grund hierfür ist, daß du keinen der beiden Wege richtig von innen her gewandelt bist.

Deshalb bitten wir dich, zu prüfen und zu überlegen, welchen Weg du beschreiten möchtest. Gehst du den Inneren Weg im Universellen Leben gewissenhaft, in Vernunft und rechter Entscheidung, dann wirst du auf dem Pfad nach Innen Freude haben.

Nun, jedes Geschwister beginnt die Einweihung der Ordnungsstufe mit Lektionen und Übungen. Die Geschwister des Universellen Lebens wünschen dir den geistigen Erfolg. Wir begleiten dich auf dem Weg nach

Innen, in Liebe und Dankbarkeit Gott in Christus gegenüber, der uns diesen unmittelbaren Pfad zum Herzen Gottes, unseres ewigen Vaters, geschenkt hat.

Aus dem ewigen Sein strahlt uns das Licht der Gottheit zu. Es schenkt uns Frieden und Harmonie. Wir dürfen die Liebe unseres ewigen Vaters durch Christus, unseren Erlöser, verspüren.

Liebe Schwester, lieber Bruder im Herrn, sei auch du von dieser ewigen Kraft berührt!

Die Liebe, das Licht, unsere Heimat, möchte uns immer mehr führen. Auf dem Pfad der Liebe werden wir geleitet von Bruder Emanuel, dem Cherub der göttlichen Weisheit, einem der sieben Gesetzesengel.

Liebes Geschwister! Wir sehen diese Stunde im Geiste als eine Stunde des Friedens, in dem erhabenen Gefühl: Gott, die Allkraft, ist jedem von uns nahe, der ehrlich und aufrichtig den Pfad zur ewigen Liebe beschreiten möchte.

1985 stellte Bruder Emanuel
den Intensivschülern folgende Frage, die auch für euch,
liebe Geschwister auf dem Inneren Weg,
Gültigkeit hat. Er sprach:

Viele von euch wägen ab, ob der Pfad der Liebe zu Gott wohl der richtige sei, ob sie wohl schon die richtige Aufbereitung für den Inneren Weg mitbringen und die Voraussetzungen erfüllen.

Freunde, g e r u f e n ist jede Seele durch die Erlösung Christi. B e r u f e n sind die Seelen und die Menschen, die ihr Leben ernsthaft und bewußt auf Gott, die innere Quelle, ausrichten - durch die Verwirklichung der heiligen Gesetze. Wird der Pfad der Liebe bewußt und zielstrebig beschritten, ohne Fanatismus, dann ist der Schüler b e r u f e n .

Liebe Schwester, lieber Bruder! Prüfe dich also, ob du bereit bist, die Höhen und Tiefen deines menschlichen Ichs zu durchwaten und zu durchforschen, so daß du durch Selbsterkenntnis und Verwirklichung dem göttlichen Ziel entgegenreifst.

Der Pfad der Liebe ist der Pfad des Hineinwanderns zum Königreich des Inneren; Liebe ist die höchste Quelle im Universum.

Gabriele sprach in der Schulung:

Die Liebe Gottes ist jedem von uns sehr nah. Sie ist die unbelastbare Kraft unserer Seele. Diese Kraft dürfen wir auf dem Inneren Weg aktivieren und uns so unserer ewigen Heimat nähern, von der wir einst ausgegangen sind.

Je mehr wir von unserem menschlichen Ich überwinden, um so größer wird die Liebekraft in uns, um so strahlender, leuchtender und selbstloser werden wir. Dadurch finden wir zur inneren Heimat, zu dem Frieden und zu der Liebe, die uns diese Welt nicht zu schenken vermag.

Liebe Geschwister, wir dürfen uns also die Frage stellen: Warum drängt es uns, den Inneren Weg zum Königreich Gottes zu wandern? Warum wollen wir unser Menschliches lassen, um Geistiges zu gewinnen?

Unsere Seele ahnt das kosmische Leben. Sie erwachte und verspürt, daß sie nicht von dieser Welt ist. Sie sehnt sich immer mehr nach ihrer wahren Heimat, nach ihrem Ursprungsland. Sie sehnt sich nach der Reinheit und nach dem Frieden, die es nur in einer anderen Welt, in dem absoluten Sein, gibt.

Hätte die Seele den Ruf des Unendlichen nicht vernommen und wären wir nicht von dem einen Wunsch beseelt, frei von unserem Ich, von unserer niederen Natur, zu werden, so würden wir den Inneren Weg nicht beschreiten. Wir wären weiterhin unerwachte Menschen im Getöse und Getümmel dieser Welt.

Doch die eingekerkerte, im menschlichen Ich verstrickte Seele vernahm den Ruf der Gottheit. Der Mensch, unsere äußere Hülle, erfühlte und erahnte den Ruf des Allmächtigen und ließ sich von der inneren Kraft der Seele führen. Geführt also von der inneren Liebe, von diesem Weck- und Wachimpuls der Seele, begann der Mensch zu suchen. Die erwachte, drängende Seele, erfüllt von der inneren Sehnsucht, wieder zum Ursprung zurückzukehren, berührte die Hülle, den Menschen. Der Mensch begann zu suchen und fand letzten Endes - oftmals über viele Umwege - das geistige Gut, das ihm entsprach und entspricht.

Liebe Schwester, lieber Bruder, uns ist geboten, die innere Liebe, die selbstlose Liebe, die Gottesliebe, zu entfalten. Das bedarf unseres heroischen Opfermutes. Wir müssen mit unserer niederen Natur kämpfen, um uns letzten Endes selbst zu besiegen.

Mit uns und in uns jedoch siegt Christus. Er schenkt uns Sein Licht, Seinen Frieden und Seine Liebe. Gott sandte Seinen Sohn, damit Er uns zurückführe, hin an das Herz Gottes, unseres Vaters, der uns wieder bei sich im Lichte der Wahrheit haben möchte - als Seine bewußten Ebenbilder.

Auf dem Weg nach Innen müssen wir unsere selbstgeschaffenen Hürden erkennen und sie durch die Kraft der Liebe überwinden. Wir müssen sie erkennen, damit wir nicht mehr in die gleichen Fehler und Schwächen, in ein und dieselben Belastungen, zurückfallen. Deshalb gibt es auf dem Weg nach Innen die bekannten Schwankungen. Höhen und Tiefen müssen erfahren und überwunden werden, um zur Stetigkeit, zur beständigen Harmonie in Gott, zu gelangen.

Auf dem Inneren Weg werden wir manches erleben. Wir werden zielstrebig voranschreiten und dann wieder eine Stagnation erleben - dann, wenn wir immer wieder über unsere Vergangenheit nachdenken, wenn wir über Erlebtes nachgrübeln und unserem Nächsten nicht vergeben oder ihn nicht um Vergebung bitten können.

Wir werden auch erfahren, daß wir die Liebe zum Unendlichen immer wieder neu erwecken müssen.

Denn immer wieder fallen wir in die Lauheit zurück und lassen unser Gemüt von unseren Sinnen trüben.

Wer jedoch immer wieder aufs neue aufsteht und opferbereit den Pfad nach Innen wandert, der wird siegreich hervorgehen.

Auf dem Inneren Weg „Durch Selbsterkenntnis zur Gotteserfahrung" werden wir bedauerlicherweise erkennen müssen, daß wir uns die meiste Zeit mit unserem niederen Ich beschäftigen – mit unserem „Mein und Dein", „das gehört mir und jenes dir", „ich bin mir selbst der Nächste". Wer jedoch den Inneren Weg ernst nimmt und jeden Tag dankbar ist für die Selbsterkenntnis und die Kraft zur Verwirklichung der heiligen Gesetze, der erfährt, daß ihn Gott jeden Augenblick ruft.

Uns also selbst zu überwinden und immer wieder aufzustehen und neu zu beginnen, bedeutet wahrlich, heroischen Opfermut haben. Ich frage: Was bedeutet heroischer Opfermut?

Der Mensch muß täglich und stündlich mit sich selbst ringen. Nur durch Opferbereitschaft und Opfermut können wir unser niederes Ich besiegen. Einzig dadurch kommen Seele und Mensch der Liebe des Vaters näher. Nur durch die Selbstaufopferung unserer menschlichen Neigungen und Triebe wird unsere Seele wieder zum Ebenbild unseres Vaters.

Heroischer Opfermut bedeutet auch: Habe Mut zur Selbsterkenntnis! Habe Mut, und nimm das Schwert der selbstlosen Liebe! Trenne damit die vielen Köpfe vom Rumpf der Schlange: Die Eigenliebe, die Ichsucht, den Neid, den Haß, die Begierden und Leidenschaften!

Wir sollten uns jedoch vornehmen, unseren Körper nicht zu kasteien, sondern das Menschliche allmählich zu überwinden, Stück für Stück. Wenn wir uns nicht kasteien, wenn wir uns also von heute auf morgen nicht alles versagen und dadurch in ein entbehrungsreiches Leben gehen, werden wir auch auf dem Inneren Pfad vorankommen. Kasteien wir uns jedoch und nehmen von heute auf morgen große Entbehrungen auf uns, dann werden wir auf dem Weg nach Innen ermüden und die Stagnation erleiden oder gar den Weg aufgeben.

Langsam muß die Umwandlung vom Niederen zum Höheren bis hin zur Absolutheit geschehen.

Viele Menschen glauben, wenn sie den Inneren Weg gehen, so müßten sie von heute auf morgen das Äußere aufgeben. Sie dürften dieses und jenes nicht mehr essen oder müßten dieses und jenes lassen. Ich denke hierbei auch an unseren Beruf. Nein, so ist es nicht. Das Äußere wandelt sich durch das Innere.

Voraussetzung ist auf dem Weg nach Innen, daß wir zuerst unsere Gedanken ordnen, unsere Rede zügeln und allmählich unsere Sinne bemeistern. Was nützt es, wenn wir im Äußeren fromm tun? Wenn wir uns dieses und jenes versagen – und uns dadurch plagen, daß wir es uns versagen?

Beginnen wir also mit der Ordnung unserer Gedanken! Veredeln wir unser Denken, dann wird sich auch im Äußeren vieles – wie von selbst – ändern.

Auf der ersten Stufe zur Vollendung heißt es: Mache Ordnung in deinem Leben! Ordne dein Leben in deinen Gedanken, Worten und Werken!

Um uns auf der Stufe der göttlichen Ordnung zu festigen, bedarf es der Disziplin und Ausrichtung. Wir werden uns nur in der rechten Disziplin üben, wenn wir eine tiefe Liebe zu Gott haben; wenn wir Gott, unseren Vater, mehr lieben als die Freuden dieser Welt – und auch mehr als unsere Vergangenheit, die immer wieder in die Gegenwart tritt und uns gedanklich beschäftigt.

Wichtig auf dem Inneren Weg ist, daß wir uns klar werden, was wir wollen: ob wir unsere Vergangenheit meistern wollen, die oftmals ein großes Hindernis auf dem Weg zur Vollendung ist. Wenn wir unsere Vergangenheit weitgehend geordnet haben und uns bemühen, in der Gegenwart zu leben, dann werden wir auch die Lektionen und Aufgaben aus dem Geiste der Liebe verstehen und freudig verwirklichen.

Um eine gewisse Ausrichtung auf den ersten Stufen zur Vollendung zu erlangen, bedarf es immer wieder des Sich-selbst-Zurücknehmens, denn der Mensch geht sehr schnell nach außen. Seine Sinne sind rasch wieder in der Welt und finden nur sehr schwer zurück in das Innere.

Deshalb gab uns Bruder Emanuel, unser geistiger Führer, das Seelengebet, das wir dreimal täglich verrichten. Es bewirkt, daß wir unsere Sinne immer wieder zurücknehmen, die gewohnt sind, in der Welt zu leben. Durch das Seelengebet erlangen wir eine immer tiefere Ausrichtung auf unser Inneres – und im weiteren Verlauf des Inneren Weges das Leben im Inneren.

Um dreimal täglich das Seelengebet durchzuführen, bedarf es rechter Disziplin und Liebe zum Ewigen.

Bruder Emanuel offenbarte 1985
den Intensivschülern folgenden Grundgedanken:

Ohne Liebe zu Gott, unserem Vater, keine rechte Disziplin, und ohne Liebe und Disziplin auch kein Weg!

Wer glaubt, den Weg ohne Liebe zu Gott und zum Nächsten und ohne rechte Disziplin wandern zu können, der wird auf dem Weg nach Innen scheitern.

Auf Menschen, die nur aus Neugierde den Inneren Pfad beschreiten, die keine rechte Liebe zum Göttlichen haben, lauern mannigfache Gefahren.

Wer sich täglich bemüht, sein Ich zu opfern, wer – Stück für Stück – die niedere Natur Christus übergibt und auch in Seinem Lichte beläßt, der wird in sich den Strom göttlicher Liebe verspüren und die Hilfe auf dem Weg nach Innen.

Wer den Weg jedoch lau beschreitet, der hat nur Schwierigkeiten, mit sich selbst – und mit seinem Nächsten, da es ihm an Liebe und Ausrichtung mangelt.

Bruder Emanuel sprach auch
über das Stimmenhören:

Stimmenhören kann gefahrvoll sein, insbesondere für Menschen, die sich damit aufwerten und wichtig machen wollen. Auch die Neugierde, aus der Welt des Geistes – gleich aus welchen Bereichen – einiges in Erfahrung bringen zu wollen, zu hören oder Antworten auf Fragen zu erhalten, ist gefährlich! Diese Wünsche sollten auf dem Weg nach Innen abgelegt werden.

Auf dem Pfad göttlicher Liebe gilt es, die Seele zu reinigen, Seele und Mensch in Empfindungen, Gedanken, Worten, Handlungen und Gesten zu veredeln, um auf diese Weise höhere Ideale und Werte zu verwirklichen – und so die Ausrichtung auf Gott in Christus zu erlangen, der unser Führer sein möchte.

Die Menschheit steht in einer großen Zeitenwende: Die Urkraft und die Teilkraft (die Erlöserkraft) bewirken die Führung aller Seelen und Menschen zu höherer Geistigkeit. Insbesondere führt die Urkraft die Reinigung der Erde herbei und bringt den Erdplaneten in höhere Schwingung. Dadurch strömt die Gotteskraft immer stärker in die materiellen und teilmateriellen Bereiche und in die Reinigungsebenen. Von der Urkraft und der Erlöserkraft werden alle Menschen und Seelen mehr oder weniger stark erfaßt, je nach ihrer geistigen Ausrichtung.

So, wie das Licht Gottes immer stärker wird auf dieser Erde, so beginnt auch der Widersacher mit gleicher Intensität, die Seinen auf den Plan zu rufen. Das bedeutet, daß die gebundenen Seelen verstärkt auf die Erde drängen, um d i e Menschen zu beeinflussen, die auf der gleichen Wellenlänge leben wie sie.

Außerdem erstreben Seelen, die in niederen Bereichen der jenseitigen Welten leben, die Inkarnation, um auf der Erde noch einmal so leben zu können, wie sie es sich im Erdenkleid vorgestellt haben und im Jenseits weiterhin vorstellen. Ihre Vorstellung drängt sie zur Inkarnation und drängt sie auch, durch Menschen das zu offenbaren, was sie in der Welt gerne verwirklicht sehen würden, nämlich ihre eigenen Vorstellungen.

Das Stimmenhören ist eine Wirkung dessen, was sich in den Reinigungsbereichen und auch auf der Erde vollzieht. Ist der Mensch aufnahmefähig, das heißt sensitiv, so ist es möglich, daß er von einem oder mehreren dieser Sender Impulse empfängt und wahrnimmt.

Unsere Schwester Gabriele sprach:

Immer wieder wird an den Geist Gottes die Frage gestellt: Woher kommen die Impulse, oder ist es das Innere Wort, das Wort Christi?

Bruder Emanuel gab uns folgende Antwort:

Liebe Freunde, möge sich jeder selbst prüfen, möge jeder über sich selbst nachdenken:

Wo befinden sich täglich deine Gedanken?

In welcher Gedankenwelt lebst du?

Was beschäftigt dich tagtäglich?

Wie groß ist noch das Individuum Mensch?

Ist wahrlich jeder zweite Gedanke schon der Gottesgedanke, ein Gedanke selbstloser Liebe?

Woraus bestehen noch eure Neigungen, eure Wünsche und eure Sehnsüchte?

Was belastet euch tagtäglich?

Woraus bestehen eure immer wiederkehrenden, quälenden Gedanken?

Lebt ihr mit eurem Nächsten in Streit, in Feindschaft?

Seid ihr eurem Nächsten gegenüber noch gehässig, ja haßt ihr?

Wie lebt ihr in euren Familien? Ist alles gut? Gibt es dort Streit und Zank? Was ist die Ursache?

Wer diesen eben angeführten Fragen ganz oder noch teilweise unterliegt, kann sicher sein, daß er durch sein Wollen, Stimmen zu hören, Astraleinflüsse auf den Plan ruft. Je nach Intensität dieser verschiedenen Quellen und je nach Sensitivität des Empfängers werden sie sodann wirksam im Menschen. Das ist nicht das Innere Wort! Es sind Einsprachen aus den verschiedenen Quellen, die der Mensch entsprechend seiner Denk- und Lebensweise abruft.

Wer in seinem Inneren die ersten vier Seelenhüllen von dem Bewußtseinszentrum der Ordnung bis zum Christusbewußtsein, der Stufe des göttlichen Ernstes, weitgehend gereinigt - das heißt durchlichtet - hat, der ist in sich gefestigt und kann Impulse aus der Gottheit empfangen. Diese Impulse sind jedoch für ihn bestimmt und nicht für Zweite und Dritte. Impulse aus der reinen Quelle sagen nicht: Du mußt dies tun, und du mußt jenes lassen. Sie geben nur Ratschläge, denn Gott gab uns den freien Willen. Er gängelt uns nicht.

Wer in seinem Leben jedoch schwankend ist, hin- und hergerissen von menschlichen Neigungen, niederen Gedanken und Wünschen, dann wieder von oberflächlichen Sehnsüchten nach der Stimme des Allmächtigen aufgewühlt, der lebt nicht in Gott. Er kann somit auch nicht die Stimme des Ewigen vernehmen.

Wer also auf Grund dieser Fragen mit gutem Gewissen sagen kann: „Ich habe alles Menschliche weitgehend überwunden, meine vier Seelenhüllen sind durchlichtet“, der kann Impulse aus der ewigen Quelle vernehmen; doch diese sind für ihn persönlich, nicht für Zweite oder Dritte gedacht.

Wer aus dem Göttlichen mit einem Auftrag inkarniert ist, die Stimme Gottes an andere weiterzugeben, der hat ein Kontrollwesen an seiner Seite, das gleichsam ein Lehrer ist, der auch die Schutzfunktion für das Sprechwerkzeug übernimmt. Das Kontrollwesen lenkt die Ströme des Allmächtigen, die aus der Seele zu den Gehirnzellen fließen, so daß sie im Gehirn nur d i e Zellen anschlagen, die die ewige Wahrheit in die richtigen Worte fassen, so daß der Mensch den Strom Gottes in seiner Muttersprache verstehen kann.

Wer also nicht mit einem geistigen Auftrag inkarniert ist, jedoch sagt, ein Sprechwerkzeug des Allerhöchsten zu sein, durch das Gott Zweite und Dritte belehrt, der hat auch kein Kontrollwesen an seiner Seite. Nach dem Gesetz des Allmächtigen darf er die Impulse, die für ihn gedacht sind, nicht an Zweite und Dritte weitergeben, auch dann nicht, wenn sich die Impulse in seinen Gehirnzellen umformulieren und so zum Ausdruck kommen, als wenn sie für andere bestimmt wären. Die Umgestaltung im Gehirn, in dem sich der Strom Gottes im Äußeren so auszudrücken scheint, als wenn das Offenbarte für Zweite oder Dritte wäre, geschieht dadurch, weil im Gehirn des Empfangenden keine präzise Ausrichtung vorliegt.

Ein Kontrollwesen hat bei einem gerufenen Sprechinstrument, das im göttlichen Auftrag steht, eine wesentliche Funktion. Es ist Gott gegenüber verantwortlich, daß das Sprechwerkzeug nach den Gesetzen Gottes lebt und den menschlichen Willen ganz dem Willen Gottes unterordnet. Geht trotz Ermahnung und Belehrung des Kontrollgeistes ein im Auftrag stehendes Instrument menschliche Wege, dann wird der Kontrollgeist den freien Willen beachten und seine Funktion als geistige Kontrolle allmählich einstellen.

Die Reinheit des Instrumentes ist wichtig für die Ausstrahlung des reinen Wortes.

Hierzu gab unsere Schwester Gabriele weitere Hinweise:

Sind wir in Empfindungen und Gedanken nicht weitgehend rein, dann werden wir auch nur Mischgut aus unserem Inneren schöpfen und dieses weitergeben. Dafür ist der verantwortlich, der es weitergibt, also der, der das Mischgut empfängt, und nicht der, der es von demjenigen hört, der glaubt, die Stimme zu hören. Wer sich mit Mischgut zufriedengibt, der kann den Inneren Pfad der Reinigung, den Pfad der Liebe zu Gott, nicht beschreiten.

Jeder möge sich nun selbst einstufen: Was ist uns lieber: aus dem reinen Quell zu schöpfen oder aus unterschiedlichen Lebensbereichen zu empfangen, aus verschiedenen Astralquellen?

Gabriele fuhr fort:

Liebe Schwester, lieber Bruder, der Weg der Liebe zu Gott liegt vor uns. Wir haben uns zu entscheiden, ob wir unser Wollen dem Willen Gottes unterordnen wollen.

Damit der Wille Gottes wirksam werden kann, bedarf es der Ordnung der Gedanken, der Zügelung der Rede, der Ausrichtung der Sinne. Diese drei Kräfte, Ordnung, Wort und Ausrichtung der Sinne wollen wir auf der Stufe der Ordnung ganz bewußt beleuchten und schulen.

Das Gesetz unseres himmlischen Vaters wünscht von uns Menschen, die wir Wanderer zur ewigen Heimat sind, keine Kasteiung.

Gerade auf dem Pfad zu Gott werden immer wieder Schwierigkeiten mannigfacher Art auftreten. Diese sollten wir allmählich, mit großem Opfermut und mit Freude und vor allem mit der Liebe zu Gott meistern.

Die Höhen und Tiefen sind auf dem Inneren Weg die Bewegungen in unserem Leben. Sie sind gut und wirkungsvoll für die Seele und den Menschen. Dadurch ist es uns erst möglich, uns so zu erkennen, wie wir sind. Daraus ersehen wir, was noch an Menschlichem an uns haftet und was wir übergeben müssen, damit wir durch die Gesetzeserfüllung, durch die Verwirklichung der heiligen Gesetze, voranschreiten können.

Auf dem Pfad zu Gott besteht die Berg- und Talfahrt. Das führt zu entscheidenden Wirkungen in unserem Leben. Dabei wird das Ober- und Unterbewußtsein des Menschen angesprochen, wodurch so manches aufsteigt, das wir glauben, schon bewältigt zu haben, das aber doch nur verdrängt im Unterbewußtsein liegt. Durch Selbsterkenntnis und Übergabe an den Ewigen werden diese Bewußtseinsbereiche gereinigt. Dadurch wird der Mensch freier und friedvoller.

Wer die Täler seines Ober- und Unterbewußtseins überwindet, der wird zu seinen Seelenhüllen vorstoßen, die wir ebenfalls reinigen müssen, um - nach und nach - dem Ziel näherzukommen.

Ohne die Erlösung Christi könnten wir das Ziel nicht erreichen. Christus ist der erlösende und befreiende Geist in jeder Seele. Ohne Ihn kein Weg zum Herzen Gottes! Jesus sagte: „Keiner kommt zum Vater, denn durch Mich."

Bruder Emanuel
gab uns weitere wesentliche Hinweise:

Der Innere Weg, der christlich-mystische Weg, ist der Weg der Liebe. Auf der Stufe der Ordnung, die du, lieber Bruder, liebe Schwester, nun betrittst, gibt es folgendes zu beachten:

Du beschreitest nun den Weg der Liebe zu Gott und zu deinem Nächsten. Wer die Liebe des Vaters, die Kraft der Seele, mehr und mehr in sich verwirklichen möchte, der sollte seine Probleme meistern.

Wer sie nicht meistert, sondern anstehen läßt, wird auf dem Pfad nach Innen nur Schwierigkeiten bekommen. Wenn nämlich nur Kenntnisse erworben wurden und nichts verwirklicht wird, dann tritt nicht nur eine

Stagnation der Entwicklung in Seele und Leib auf, sondern auch eine Revolution, die zu Krankheit und großem Leid führen kann.

Gabriele sprach:

Deshalb warnen wir, die wir euch einen Schritt voraus sind auf dem Pfad zu Gott: Wer nur Wissen sammelt und nicht verwirklicht, über denjenigen fallen seine eigenen Probleme herein, quälen ihn und können Krankheit und großes Leid bewirken.

Wir wissen alle, daß nicht jedes Problem von einem zum anderen Tag Christus übergeben werden kann. Wir müssen die größeren Probleme immer wieder angehen und immer wieder ein Stück davon abtrennen und Christus übergeben. Das bedeutet natürlich Kampf mit uns selbst. Doch gehen wir das Problem an und wollen wir es überwinden, dann steht uns auch Christus, unser Erlöser, bei. Haben wir es überwunden, dann fühlen wir uns wie neu geboren. Es ist etwas Dunkles entbunden, und Licht strömt uns zu.

Probleme entstehen durch falsches Denken und Handeln, durch ichbezogenes Empfinden, Denken und Reden.

Durch falsches, ichbezogenes Denken entsteht auch das Selbstmitleid, das wiederum seine Nebenzweige hat, wie zum Beispiel Aggressionen und Depressionen.

Wollen wir unsere Probleme nicht angehen und sprechen wir nur darüber, dann vergrößern wir unsere Probleme. Die Folge ist, daß sie immer mehr auf uns einwirken. Resultate sind Selbstmitleid, Aggressionen, Depressionen und der Glaube, vom Nächsten nicht verstanden zu werden.

Wir wissen aus Erfahrung, daß nicht jedes Problem von uns selbst gemeistert werden kann. Wir brauchen die Hilfe derer, die Erfahrungen haben, die uns ein oder zwei Schritte voraus sind. Dies vollzieht sich im Rahmen der Aussprachen der persönlichen Kurse in der Intensivschulung des Inneren Weges, in Seminaren und bei weiteren Treffen. Dort ist es dir dann möglich, schwerwiegende Dinge vorzutragen, die wir dann mit der Hilfe unseres Herrn gemeinsam gesetzmäßig zu lösen versuchen.

Wir alle mußten und müssen erfahren, daß Opfer und Kampf dem Sieg vorausgehen. Ohne Opfer und Kampf mit uns selbst kein Sieg über unser niederes Ich!

Lieber Bruder, liebe Schwester, die Geschwister im Universellen Leben bitten dich, über diese Einweihungsworte nachzudenken: ob du bereit bist, dein Leben konsequent auf den Meister in dir auszurichten, auf Christus, indem auch du deinen Teil dazu beiträgst und dich bemühst, deine Gedanken zu ordnen, deine Rede zu zügeln, deine Sinne zu meistern.

Unser Geistiger Lehrer, Bruder Emanuel, gibt uns nun den ersten Teil des Lehrstoffes für die Stufe der Ordnung bekannt. Die Ordnungsstufe soll das gute Fundament für die weiteren Stufen sein. Diese weiteren Stufen beschreiten wir, um weitere Erkenntnisse zu erlangen und tiefere göttliche Gesetze zu erfahren und diese zu verwirklichen, so daß wir zu dem erfüllten Leben kommen, das dem wahren Mystiker eigen ist.

Die Geschwister des Universellen Lebens wünschen dir, liebe Schwester, lieber Bruder, viel Kraft und Gottes Segen! Möge die Kraft des Vaters in dir die Ausdauer bewirken, den Weg in Liebe zu Ihm und zum Nächsten zu gehen. Daraus ergeben sich Freude und Zufriedenheit.

Gott zum Gruß

Gabriele

2. *Grundlegende Lehren und Anweisungen für die Stufe der Ordnung*

Das Erwachen – Das Seelengebet – Das Sonnengebet – Rechte Disziplin und Ausrichtung – Das Mystische Tagebuch – Der Abend – Anmerkungen

—

Unsere Schwester Gabriele wandte sich an die Schüler des Inneren Weges mit folgenden Worten:

Gott zum Gruß, lieber Bruder, liebe Schwester! Wir erhalten erste Lehren von unserem Geistigen Lehrer, Bruder Emanuel.

Er sprach:

Meine Freunde, auf der Stufe der Ordnung üben wir die Gedankenkontrolle. Was ist ein positiver, was ein negativer Gedanke? Was bewirkt der positive Gedanke in Seele und Mensch, und was bewirkt der negative Gedanke im Seelischen und Physischen?

Weiterhin lehre ich auf der Stufe der Ordnung, daß der Mensch auf seine Worte achten soll: Was er ausspricht und was er in die Worte hineinlegen möchte. Weshalb sollte der Schüler auf seine Worte achten? Weshalb sollte er nur Wesentliches aussprechen und Unwesentliches dem Ewigen übergeben?

Weiterer Lehrstoff ist die Ausrichtung der fünf Sinne. Voraus geht das Seelengebet, das zur Verinnerlichung beiträgt.

Das Seelengebet bereitet Seele und Mensch für das Innere Leben vor. Dadurch wird auch das geistige Bewußtsein geschult und gefestigt. Durch die verschiedenen Übungen wird die Zellstruktur des Menschen nach und nach gereinigt und die Seele auf die kosmische Kraft, auf das Innere Leben, ausgerichtet und eingestimmt.

Das Ausrichten und Einstimmen der Seele bringt dem Menschen mehr oder weniger Schwierigkeiten, weil der Mensch in den Vorleben und auch in diesem irdischen Dasein seine Seele und seine Gehirnzellen mit Äußerlichkeiten, mit menschlichen Regungen und Neigungen, programmiert hat.

Solange das Bewußtsein des Menschen schwankt, ist er einmal weltbezogen, dann wieder gottbewußt. Es muß also eine Festigkeit und zugleich ein Umdenken auf die Gesetze Gottes erfolgen. Das heißt, der Mensch lernt, selbstloser und göttlicher zu empfinden, zu denken, zu reden und zu handeln.

Diese Umstellung vom menschlichen Ich hin zu Gott, zu einem gottgewollten Leben, zur Verwirklichung der Gesetze, bedingt – mehr oder weniger – Schwierigkeiten, je nach Belastung der Seele und je nach dem Denkgebäude des einzelnen.

Um auf der Stufe der Ordnung das Fundament für weitere Stufen zu erbauen, müssen die Gehirnzellen allmählich durchlichtet werden. Sie müssen auf edleres, reineres und schöneres Denken ausgerichtet werden, auf die geistige Ethik und Moral.

Diese Umstellung geschieht nicht von heute auf morgen. Es kann unter Umständen ein langer und schwerwiegender Prozeß sein – je nachdem, wie groß die Liebe des Schülers zu Gott, seinem Vater, ist.

Wer jedoch bewußt und zielstrebig die Selbsterkenntnis anstrebt, seine menschlichen Gedanken, Worte, Regungen und Neigungen bekämpft, wer Gott mehr liebt als all die bestehenden Schwierigkeiten und Probleme, der wird Meister über sich selbst werden.

Unsere Schwester Gabriele sprach:

Das Wort „Seelengebet" sagt aus, daß wir die Seele beten lassen wollen, das von uns erschlossene Bewußtsein. Das heißt nicht, der Schüler möge das Seelengebet durchführen, um Stimmen oder eine Stimme zu hören.

Bruder Emanuel offenbarte:

Liebe Freunde, das bedarf allerdings der Übung und des Hineinwanderns zu der inneren Kraft.

Jeder Anfang ist schwierig; so auch das Seelengebet. Der Schüler möge beim Seelengebet nichts wollen. Er soll nichts erwarten. Er soll das Seelengebet vollziehen, damit das schwankende Bewußtsein gefestigt wird und die Ausrichtung auf das Göttliche erlangt. Dadurch gelangt der Schüler zum wahren, tiefen, selbstlosen Beten, dem Gebet der Seele.

Das Seelengebet ist die Vorbereitung für das wahre, echte, innere Ich Bin. Um die innere Kraft, das reine Ich Bin, die innere Liebe, zu vernehmen, bedarf es unter Umständen Jahre oder gar Jahrzehnte – je nach Belastung der Seele und je nachdem, ob das Seelengebet freudig durchgeführt wird oder ob es dem Schüler als Plage und als etwas Unangenehmes erscheint.

Durch das Seelengebet, das der Mensch dankbar und freudig durchführt, wird er auch stiller werden und so zu den Tiefen Inneren Lebens finden. Dann wird das Gebet nicht vom Verstand produziert. Es wird sodann, im Laufe der Übung, das Bewußtsein beten.

Ich wiederhole: Im Laufe der Zeit, wenn die Seele gefestigt ist und das Bewußtsein einen Halt im Göttlichen hat, dann wird die Seele beten und nicht der Verstand. Es betet also die Seele. Es spricht nicht Gott zu dir, um dich persönlich zu unterweisen!

Bruder Emanuel offenbarte weiter:

Der Wanderer zum Königreich des Inneren erwacht am Morgen im Bewußtsein Gottes. Das heißt: Sein erstes Sinnen und Trachten ist, in sich die Liebe zum Vater wirksam werden zu lassen – indem er sich gleich nach dem Erwachen mit Gott, seinem Vater, verbindet, dessen Geist in seiner Seele wohnt.

Beim Erwachen möchten sofort das Ober- und Unterbewußtsein aktiv werden. Auch umherschwirrende

Gedanken-„Vagabunden“ versuchen Einfluß auf euch zu nehmen. Auch die Eindrücke, Wünsche und Sehnsüchte, die im Oberbewußtsein liegen, dringen als Gedankenwellen zu euch und versuchen, euch gedanklich zu beeinflussen. Das heißt: Ihr denkt über alles nach, was noch sein müßte; was schon ist; was falsch war; was gut ist; was getan werden sollte; was getan ist; ob es richtig oder falsch ist, was der Nachbar oder der Berufskollege sagte; welche Anordnungen der Chef gab, die noch nicht erfüllt sind - und vieles mehr.

Um diesen Einflüssen weitgehend standzuhalten, sollte sich der Wanderer auf dem Weg nach Innen sofort nach dem Erwachen mit der ewigen Kraft verbinden, indem er seinen Dank für die Nacht und für den neuen Tag in sein Inneres hineinbetet.

Drängen Wunschgedanken, all das Unerledigte oder Erledigte, Zweifel, Hader und dergleichen in das Innere, so befiehl diesen Unruhestiftern, dich nicht zu beeinflussen. Gib dir selbst die richtigen Befehle! Dann werden dir deine Gedanken gehorchen, die letzten Endes du selbst produziert hast - und die ein Teil deines Wesens sind.

Befiehl deinen Gedanken mit folgenden Worten:

„Alles, was wesentlich ist, was für den Tag notwendig ist, was erfüllt und erledigt werden muß, möge mich dann berühren, wenn ich dafür aufnahmebereit bin!“

Sprich das einige Male und programmiere dich dadurch selbst. Dadurch nimmst du Positives und Wesentliches auf, und das Nebensächliche wird zweitrangig.

Beim Erwachen sollte sich der Wanderer auf dem Pfad nach Innen mit der inneren Quelle, der Liebe Gottes, verbinden. Das kann sinngemäß mit folgenden Worten geschehen:

„Vater, ich danke Dir für die Nacht.
Gütiger, Du hast mich wieder für den neuen Tag erweckt, damit ich diesen annehme, als Deine Gnade erkenne und ablege, was noch Menschliches an mir haftet.
Durch Deine Liebe bin ich erwacht und neu gestärkt.
Den ganzen Tag über möge mich Deine Liebe begleiten und führen."

Bruder Emanuel fuhr fort:

Liebe Freunde, rechte Disziplin ist auch ein Zeichen der Liebe zu Gott. Rechte Disziplin bewirkt Ehrfurcht und Achtung vor Gott, vor dem Leben.

Deshalb sollte der Wanderer nach Innen auch in seinen Bewegungen und Gesten Gott, dem Leben, Ehre erweisen. Denn das gesamte Universum ist Harmonie, ausgewogenes, rhythmisches Leben. In dieses rhythmische, ausgewogene Leben, in die Allharmonie Gottes, soll sich der Wanderer auf dem Weg nach Innen einschwingen.

Daher ist jede Bewegung und jede Geste wesentlich. Der Mensch muß in Harmonie kommen, um auch im Inneren die Harmonie zu erlangen. Positives Denken bewirkt harmonische Bewegungen und ausgewogene Gesten, also – alles in allem – einen harmonischen Rhythmus.

Der Wanderer auf dem Pfad zu Gott soll beim morgendlichen Erwachen im Liegen den ersten Dankimpuls Ihm, dem Allmächtigen, darbringen. Der disziplinierte Wanderer zur inneren Heimat legt sich auf den Rücken und kreuzt seine Hände. Die rechte Hand liegt auf der Brust, die linke auf der rechten Hand. Diese Körperhaltung bewirkt, daß die ewige Quelle im Menschen, die Geistkraft, intensiver fließen kann.

Nach diesem kurzen, jedoch innigen, aus dem Herzen empfundenen Dankgebet steht der Wanderer auf dem Weg zu Gott harmonisch auf. Dann verrichtet er das Sonnengebet, auch Äthergebet genannt.

Stehend richtet er sein Antlitz nach Osten aus. Er hebt seine Arme empor, wobei die Handflächen wiederum nach Osten zeigen. In dieser Gebetshaltung spricht er den Allgeist der Unendlichkeit sinngemäß mit folgenden Worten an:

„Ewiger Strom der Unendlichkeit,
Du Allgeist in allem Sein!
Erfülle meine Seele und meinen Leib
mit geistiger Kraft,
mit Deinem Leben.

Ewiger Geist!
Durchströme die Partikel meiner Seele
und die Zellen meines Leibes.

Erwecke mein ganzes Sein zu dem bewußten,
harmonischen Leben,
das Du bist.

Ewige Allharmonie!
Durchflute mein Ober- und Unterbewußtsein,
reinige es mit Deiner allmächtigen Kraft.

Ewiger,
läutere und reinige auch meine Sinne,
ordne mein Leben –
denn Dein Wille möge geschehen!"

Dieses Sonnen- oder Äthergebet soll aus dem Herzen strömen und aus der Seele.

Wer noch Zeit und Möglichkeit hat, sollte nach dem Sonnengebet Körperübungen durchführen. Anschließend geht der Wanderer auf dem Weg zu Gott ins Bad, reinigt seinen Körper und macht sich zurecht für den neuen Tag.

Nach dem Ankleiden begibt er sich in einen stillen Raum. Dieser Raum sollte zu einem Gebetsraum werden, zu einem kleinen Tempel, wohin er immer wieder zurückkehrt, wenn ihn Unruhe und dergleichen übermannen.

Ist es euch möglich, solch einen Raum zu schaffen oder auch eine kleine, stille Ecke, dann haltet diesen Raum oder diese Ecke heilig. Dort bauen sich positive Schwingungen auf, die euch dann, wenn ihr in diesen Raum kommt oder in dieser stillen Ecke Platz nehmt, einhüllen und euch positiv einstimmen.

Nun kommen wir zur Durchführung des Seelengebetes.

Der Wanderer auf dem Weg zu Gott nimmt eine aufrechte Sitzhaltung ein – so, wie er es in den Meditationskursen gelernt hat.

Eine aufrechte Sitzhaltung wird dem Wanderer nicht nur während der Meditation und des Seelengebetes zugute kommen, sondern auch bei den weiteren Übungen.

Die aufrechte Haltung, die er sich allmählich angewöhnt, trägt auch im Laufe des Inneren Weges dazu bei, daß sein Blick nicht nur am Boden haftet, sondern in die Weite geht. Dies hat zur Folge, daß der Wanderer auf dem Weg zu Gott das Leben in seiner Vielfalt aufnimmt und die Weiten der Unendlichkeit ahnend verspürt. Daraus ergeben sich sodann auch lichtere Gedanken und edlere Charakterzüge.

Bruder Emanuel sprach:

Meine Freunde! Verharrt einige Augenblicke in der Stille und laßt eure Empfindungen zum Wesenskern der Seele emporströmen. Eurem Herzen soll Liebe entströmen, die sich mit dem großen Urherzen, Gott, mit der unendlichen Liebe, verbindet.

Ohne Gedanken, nur mit selbstlosen Empfindungen verharrt der Wanderer im Wesenskern der Seele, der in der Nähe der Hirnanhangdrüse ist.

Mit den eigenen Empfindungen und mit eigenen Worten richtet er nun an die ewige Kraft, an den Vater in Christus, sinngemäß folgendes Gebet. Das nun nachstehende Gebet soll euch Stütze sein. Ihr sollt es jedoch nicht wortwörtlich beten, sondern es soll e u r e r Empfindungswelt entströmen! Die Worte dieses Gebetes sind für euch nur richtungsweisend:

„Vater!
Du hast mich gerufen durch Deinen Sohn.
Ich, Dein Kind, vernahm Deine Stimme.
Herr,
meine Liebe ist noch klein,
doch mein Wille ist,
daß ich wieder zum Ursprung zurückfinde.
Deshalb werde ich die noch kleine Liebe zu Dir
entfachen, damit ich wieder werde,
was ich war und in Deinem Geiste bin -
ein absolutes Wesen der Unendlichkeit.

Meine kleine Liebe bringe ich Dir.
Ich lege sie auf den inneren Altar.
Hinzu lege ich alles, was mich trennt von Dir,
der großen Liebe,
auf daß Deine Flamme überschlägt
und die kleine Liebeflamme in mir nährt,
so daß ich wieder die große Flamme werde,
die Leuchtkraft aus Deinem Geiste!“

Die Liebeempfindungen des Kindes zum Vater strömen nun zu dem Bewußtsein der Barmherzigkeit. In den Empfindungen dort angelangt, betet der Wanderer zum Königreich Gottes wieder folgendes kleine Gebet:

„Ewige Kraftquelle der Barmherzigkeit!
Einst verließ ich den ewig heiligen Strom,
ging durch das Tor in die Tiefe
und wurde Mensch.
Immer und immer wieder trieb mich die Liebe.
Sie pochte an meine Herzenspforte,
doch ich vernahm sie nicht.
Jetzt habe ich
den Weckruf der Liebe vernommen.
Jetzt verspüre ich Dich,
o ewige Kraftquelle der Barmherzigkeit.
Nun ist es mir offenbar,
daß ich die ewige Kraftquelle der Barmherzigkeit
wieder vollkommen erschließen kann –
durch Christus, meinen Erlöser."

Von der inneren Liebe zu Gott beseelt, geht der Wanderer weiter zum Bewußtseinsbereich der Stufe göttlicher Liebe, die als Kraftquell zwischen den Augenbrauen liegt.

Empfindungsmäßig betet er dort:

„Ewiges Bewußtsein!
Ich umhüllte Dich mit meinem Ich.
Diese Hüllen löse ich
durch die Kraft Christi in mir.
Gereinigt kehre ich wieder zurück
zum Bewußtsein der Liebe.
Liebe ist mein ewiges Wesen.
Liebe werde ich wieder sein
durch Christus, der mich gerufen hat."

Mit den inneren Empfindungen der Liebe geht der Wanderer weiter zur nächsten Bewußtseinsstufe – der Geduld, die in der Nackenregion als Kraftquell verankert ist.

Er betet sinngemäß mit den Worten:

„Ewige Geduld,
Du Kraftquelle aus dem Strom Gottes!
Einst verließ ich Dich
und umhüllte dieses strahlende Feld ewigen Seins.
Nun bin ich gerufen, diese Hüllen zu durchlichten
durch die Erlösung meiner Seele,
durch Christus in mir.
Jetzt erschließt sich wieder der Kraftquell der Geduld.
Aus der Tiefe meines menschlichen Ichs komme ich zurück,
steige empor zu den Quellen ewigen Seins,
hin zum Ursprung der Liebe.
Dorthin geht mein Weg."

Nun läßt der Wanderer seine Liebeempfindungen zu der Bewußtseinsstufe, zum Kraftquell des Ernstes strömen, der zwischen den Schulterblättern wirksam ist. Dort betet er wiederum sinngemäß:

„Christus,
Du im Bewußtsein des Ernstes!
Durch die ewige Liebe zum Vater,

durch Disziplin und Ausrichtung erwecke ich nun
die ewige Quelle der Liebe in mir.

Herr und Gott,
ich bitte Dich um Führung.
Christus,
führe mich zum Ursprung der Quelle,
dem göttlichen Heil.
Du bist in mir, und ich bin in Dir.
Herr, laß alles werden,
wie es war und ist von Urbeginn.
Christus, mein Erlöser,
beseele mich;
stärke mich auf dem Weg zum Vater!“

Weitere Liebeempfindungen des Wanderers strömen nun zum Bewußtsein der göttlichen Weisheit, das in der Nähe der Lendenregion wirksam ist.

„Herr und Gott!
Ich habe mir gesetzmäßiges Wissen angeeignet,
doch es mangelt mir noch an Deiner göttlichen Weisheit.
Ich habe erkannt:
das Wissen allein erweckt nicht Deine Kräfte in mir.
Nur Deine Weisheit zeigt mir, wer ich bin und wo ich stehe.
Sie offenbart mir alle Dinge des Lebens.
Ich habe erkannt,
daß ich trotz geistigen Wissens noch taub bin,
belastet von meinem menschlichen Ich.

Deshalb, o ewige Liebe und Weisheit,
tauche ich mich in das heilige Bewußtsein göttlicher Weisheit
und verwirkliche, was mir an Wissen geboten wurde –
auf daß ich weise werde im Sinne
der göttlichen Liebe und Weisheit.
Ich komme wieder zurück an das Herz des Vaters
durch Christus, meinen Erlöser."

Weitere Liebeempfindungen des Wanderers strömen nun zum göttlichen Willen, dem Kraftquell, der in der Kreuzbeinregion liegt.

Sinngemäß betet der Wanderer:

„Vater!
Noch immer quält mich mein Ich,
das Wollen, das Sinnen und Trachten.
Mein Ich, und das 'Mein' und 'Mir'
wollen mich nicht loslassen.
Es soll jedoch besser werden mit mir!
Ja, ich will ganz Deinen Willen erfüllen.
Mit heroischem Opfermut bekämpfe ich
mein Wollen,
auf daß Dein Wille Einzug halte in mir
und ich fortan nur Deinen Willen erfülle!
Dann werde ich frei von meiner niederen Natur
und erhebe mich zu Deinem göttlichen Quell,
aus dem ich hervorging –
aus Deiner Liebe."

Nun strömen deine Liebeempfindungen zur göttlichen Ordnung, zu der Kraftquelle, die in der Steißbeinregion wirksam ist:

„Ewiger Vater in Christus!
Noch befinde ich mich auf der Stufe der Ordnung.
Dein Geist in Christus führt mich jedoch empor
zu dem Ursprung der Liebe,
von wo ich in die Tiefe ging.
Ich habe mich verschattet,
doch nun werde ich lichter und lichter,
bis ich wieder Licht aus Deinem Lichte bin."

Unter dem Kraftquell der Ordnung befindet sich das geistige Sammelbecken, in dem sich die Energien, die Kräfte aus dem unbelastbaren Wesenskern, sammeln. Über die Kraftfelder der Barmherzigkeit, der Liebe, der Geduld, des Ernstes, der Weisheit, des Willens und der Ordnung strömen sie hinab in das Sammelbecken. Von dort aus fließen sie wieder zurück zum unbelastbaren Wesenskern der Seele. Dabei beleben sie über das Nervensystem unseren physischen Leib.

Die Kräfte strömen also empor zu dem Bereich der Ordnung.

„Heilige Ordnung,
stehe mir bei,
meine Gedanken zu ordnen,
meine Rede zu zügeln
und meine Sinne zu bemeistern!"

Der Wanderer zum Königreich des Inneren ist mit seinen Empfindungen im Zentrum der Ordnung. Auf dieses konzentriert er seine ganze Aufmerksamkeit.

Er geht nun auf „Empfang“. Das ist möglich, wenn alle Gedanken ausgeschaltet sind. Wie automatisch steigen nun selbstlose Gebetsgedanken auf, die entweder gedanklich erfaßt oder ausgesprochen werden – je nachdem, wie es dem Schüler möglich ist. Das ist das Seelengebet.

Dieses kurze Seelengebet dauert in der ersten Zeit höchstens einige Minuten, weil es dem Schüler noch an der Tiefenkonzentration mangelt.

Danach geht der Schüler mit seinen Empfindungen wieder empor zum Urquell, zum Wesenskern der Seele. Dabei betet der Wanderer wiederum auf jeder Stufe, indem er die Kräfte der Liebe nach oben begleitet:

„Die heiligen Kräfte des Willens werden mich beseelen,
so daß mein Wollen vergeht
und der Wille Gottes wirksam wird in mir.

Göttliche Weisheit, berühre mich!
Wissen ist nicht Weisheit.
Göttliche Weisheit jedoch
schaut alle Dinge im rechten Licht.“

Der Wanderer auf dem Weg nach Innen geht nun empfindungsmäßig zum Bewußtsein des Ernstes und betet sinngemäß folgendes kurze Gebet:

„Christus,
Du Zieh- und Schubkraft in mir!
Du führst mich heraus aus meinem engstirnigen, ichbezogenen Denken
und führst mich hin zum Ursprung der Liebe."

Mit seinen Empfindungen begibt sich nun der Wanderer zu den Bewußtseinsstufen der Geduld, der Liebe und Barmherzigkeit.
Er betet dort jeweils sinngemäß:

„O Strom der Geduld,
erfasse mich!

Erbarmende Liebe,
durchdringe mich!

Ewige Barmherzigkeit,
laß mich ein selbstloser Samariter werden!"

Der Wanderer begibt sich nun mit folgenden sinngemäßen Worten empfindungsmäßig zum Wesenskern der Seele:

„Vater!
Ich danke Dir für Freud und Leid.
Du großer All-Einer bist mir näher als mein Atem.
Herr, nun beginnt der Tag für mich.
Diesen Tag, der Dein Tag ist,
lege ich in Deine gütigen Hände –
und mich dazu, o Ewiger."

Nach einer kurzen, besinnlichen Stille - harmonisch ausgerichtet auf den inneren Quell – beginnt nun der Tag mit Frühstück, Arbeit, usw.

Bruder Emanuel
gab dem Wanderer zu dem Reich
des Inneren weitere Aufgaben:

Liebe Freunde, im Laufe des Vormittags werden euch immer wieder Unruhe und Hast begegnen.

Was von außen auf den Menschen zukommt und ihn bewegt, das lebt teilweise noch in ihm.

Es können Wünsche und Sorgen sein. Aber auch Gedanken über eure Nächsten, über den Arbeitskollegen, die Arbeitskollegin. Auch die Hektik eures Nächsten, die euch unruhig stimmt, bewirkt, daß in eurem Inneren einiges in Bewegung kommt, das nicht das Göttliche, die Ruhe und der Friede ist, sondern es sind menschliche Aspekte, die in der Seele und in den Seelenhüllen wirksam werden.

Oftmals sind es nur Restbestände menschlichen Ichs, innere Vorgänge, die auch im Ober- und Unterbewußtsein aktiv werden.

Der Wanderer sollte die Unruhe und Hektik, die ihn nun berührt und entsprechend stimuliert, nicht sogleich analysieren. Der Wanderer wird zuerst bestimmend auf diese gegensätzlichen Kräfte einwirken, die ihn zur Hektik und Unruhe anregen. Mit folgenden Worten spricht er die innere Unruhe und die Hektik seines Wesens an:

„In Christus lebe ich.
Durch Christus wirke ich.
Alles, was nicht in Christus ist, ziehe zu Christus, auf daß Er es umwandle!
Meine Gedanken und Wünsche, meine Vorstellungen und Sorgen übergebe ich konsequent Christus.
Christus nimmt alles an.
Ich opfere es Dir, o ewiger Geist in mir!
Freudig und dankbar lege ich es Dir zu Füßen und bemühe mich, es auch bei Dir zu belassen.

Ruhe, tiefe Ruhe zieht wieder in mein Bewußtsein ein.
Ich bin ruhig und still, konzentriert auf meine Arbeit,
ohne mein Ich zu fragen, ob es mit der bestimmenden Art, die ich gegen mein Ich richte, zufrieden ist oder nicht."

Bruder Emanuel sprach weiter:

Was der Wanderer jedoch nicht bewerkstelligen kann, was sich immer und immer wieder in Empfindungen und Gedanken anzeigt, was ihn immer wieder durchflutet: Gedanken, Wünsche, Vorstellungen, Hektik und Unruhe, das möge er in einem Buch festhalten, das wir das Mystische Tagebuch nennen.

Jeder Wanderer auf dem Weg zum Inneren legt für sich persönlich dieses Mystische Tagebuch an.

Auf der rechten Seite dieses Buches schreibt der Schüler die positiven Gedanken auf, die tiefen, beseelenden und erquickenden Gedanken und Empfindungen, die Stille seines Wesens, die er empfindet, und alles, was er im Namen Christi bewältigen konnte.

Auf der linken Seite notiert er, was ihn immer noch hindert, dem Inneren Leben näherzukommen, seine unbewältigten Probleme, die er trotz heroischen Opfermuts noch nicht bewältigen konnte, all die immer wiederkehrenden Schwierigkeiten, die er wohl Christus hingelegt hat, die jedoch immer wieder zurückkehren - die, trotz Anstrengung, sein Inneres unruhig stimmen. Das alles notiert der Wanderer auf der linken Seite seines Mystischen Tagebuches.

Diese Notizen werden sowohl am späten Vormittag wie auch am späten Nachmittag gemacht. Sie zeigen dem Wanderer, was er bewältigt und noch nicht bewältigt hat.

Was bewältigt ist, das wird er durchstreichen, was noch unbewältigt ist, unterstreichen und am nächsten Tag auf die andere Seite des Mystischen Tagebuches nehmen - bis er es ebenfalls durchstreichen kann, weil es bewältigt ist.

Um die Mittagszeit - wenn möglich vor dem Essen - sollte der Wanderer erneut ein kurzes Seelengebet verrichten. Durch das Seelengebet erlangt er wieder die Ausrichtung auf das Innere. Er erlangt dadurch wieder Ruhe und Frieden, das, was ihm am Vormittag verlorenging.

Um die Mittagszeit wird also das Seelengebet ähnlich wie in den Morgenstunden gemacht, doch wesentlich kürzer:

Der Wanderer zum Königreich des Inneren gleitet nun mit einigen hochschwingenden Gebetsworten hinab zum Sammelbecken und läßt sodann die Kräfte zum Zentrum der Ordnung emporströmen. Dort geht er auf „Empfang" und läßt es beten. Dann geht er mit einigen Worten der Liebe empfindungsmäßig wieder empor zum Wesenskern, dankt dem Allmächtigen und verweilt noch einige Augenblicke oder Minuten in der Stille. Dann kann der Nachmittag beginnen.

Der Nachmittag sollte wieder unter der Kontrolle des Wanderers stehen. Er soll sich bemühen, die Ruhe in allen Dingen zu bewahren, und die Stille seines Herzens pflegen.

Das bedeutet nicht, daß der Mensch träge wird und glaubt, alles in langsamer Meditationshaltung durchführen zu müssen. Wer den Geist in sich erweckt hat, der ist dynamisch und harmonisch. In einem ausgewogenen, harmonischen Rhythmus wird er seine Arbeit – konzentriert auf die jeweilige Tätigkeit – durchführen, zur Zufriedenheit seiner Umwelt. Gott ist harmonische Dynamik, ist harmonischer Rhythmus.

Entweder im Laufe des Nachmittages oder am Abend wird der Wanderer in seinem Mystischen Tagebuch sowohl die positiven als auch die negativen Erlebnisse festhalten. Die Vorkommnisse und Gedankengänge bitte nur mit Stichworten im Mystischen Tagebuch notieren! Das Mystische Tagebuch soll übersichtlich sein!

Bruder Emanuel offenbarte weiteres:

Liebe Freunde! Wer am Abend von der Tagesarbeit zurückkommt, sollte sich nicht sogleich zum Abendbrottisch begeben. Geht zuerst in die Stille! Laßt alles in euch abebben, was der Tag brachte, was euch unruhig gestimmt hat. Begebt euch in eine kurze Selbstbetrachtung:

Nehmt euer Mystisches Tagebuch zur Hand, durchforscht euer Tagebuch. Was ihr bis zum Abend an Gegensätzlichem bewältigen konntet, kann ausgestrichen werden. Was nicht bewältigt ist, wird unterstrichen und auf die nächste Seite des Tagebuchs übertragen, damit es nicht verlorengeht, damit sich der Wanderer immer wieder an das erinnert, was noch abzulegen ist. An der positiven Seite, an dem, was ihr bewältigt habt, erfreut euch! Laßt es noch einmal in euch nachklingen und freut euch ehrlichen Herzens über das, was nun hinter euch liegt.

Überdenkt den Tag. Laßt ihn noch einmal an euch vorbeiziehen. Stellt euch die Frage, was ihr hättet besser machen können und was gut war.

Ich darf wiederholen, auf daß ihr es nicht vergeßt: Freut euch an dem, was ihr bewältigen konntet. Seid glücklich darüber! Seid aber auch nicht traurig über das Unbewältigte. Begegnet ihm wieder mit Opferbereitschaft und Opfermut – im Namen Christi –, und es wird werden, in jedem von euch. Denn wer willigen Herzens ist, in dem ist Christus der Sieger. Er wird mit Christus auferstehen und zum Vater gehen.

Nach dem Abendbrot beginnt die abendliche Zeit. Auch am Abend sollte wieder das Seelengebet durchgeführt werden. Dadurch wird auch für die Nacht eine erneute Ausrichtung der Seele erzielt.

Entweder bei Sonnenuntergang oder nach Sonnenuntergang, wenn die Atmosphäre still geworden ist und die Menschen ruhiger sind, sollte wieder das Seelengebet durchgeführt werden. Wenn ich den Sonnenuntergang erwähne, so soll das besagen: Es kommt auf die Jahreszeit an.

Wichtig ist, daß ihr das Seelengebet durchführt, wenn die Atmosphäre still geworden ist, wenn die Menschen sich mehr in ihre Häuser und Wohnungen zurückziehen und sich auf den Schlaf vorbereiten. Die Zeit für das Seelengebet kann also zwischen 21.00 und 22.30 Uhr angesetzt werden, je nach Jahreszeit.

Das Seelengebet wird wieder ähnlich durchgeführt, wie ich es schon für den Morgen offenbart habe, nur mit anderen Worten, die aus dem Wesen des Schülers, des Wanderers, entströmen sollen. Es sollen keine vorgesprochenen Gebete sein, sondern Herzensempfindungen. Deshalb ist das Gebet – das heißt, sind die Gebetsempfindungen – dem einzelnen überlassen.

Nach dem Seelengebet – je nachdem, wann es durchgeführt wurde – kann sich der Abend fortsetzen.

Ist die Zeit zum Schlafengehen gekommen, dann richtet euch abermals auf das Innere Licht aus. Auf eurem Nachtlager liegend, dankt noch einmal Gott, eurem Vater, für den Tag, für alles – für Freud und Leid. Übergebt alles noch einmal im Gebet Ihm, dem großen All-Einen, der in der Nacht auch der Tag ist.

Das ehrfurchtsvolle Liegen, um zu beten, geschieht, wie ich schon offenbart habe, so:

Der Gott Zustrebende legt sich wieder auf den Rükken, legt die rechte Hand auf die Brust, auf das vierte Bewußtseinszentrum, und die linke Hand auf die rechte. Dann verbindet er sich mit dem ewigen Geist in der Seele und in jeder Zelle des Leibes – und dankt.

Da mancher Wanderer auf dem Inneren Weg noch eine Stütze für das Gebet benötigt, gebe ich folgendes Nachtgebet. Es soll jedoch nicht wortwörtlich gebetet werden – sondern nur als Anleitung und Anregung dienen für alle, die sich noch schwertun im freien Beten.

„Ewiger in Christus!
Ich danke Dir für diesen
zur Neige gegangenen Tag.
Herr,
Du hast mich geführt und geleitet.
Ich danke Dir.
Jeden einzelnen führst Du,
da Du die unpersönliche Liebe bist.
Du schaust nicht auf unsere Fehler und Schwächen.
Du siehst uns vollkommen,
o ewiger Geist.

Alle Menschen und Wesen lege ich in Dein großes, ewiges Bewußtsein,
in Deine Liebe.
Halte Du, o Ewiger,
segnend Deine Hände

über alle Mitbrüder und -schwestern,
über Kranke und Notleidende,
über Hungernde und Einsame.
Strahle Dein Licht zu den älteren Geschwistern,
und stütze mit Deiner Kraft die Jugend,
damit auch sie werde, wie Du willst,
denn sie ist die kommende Generation.

Herr,
nun tritt der Schlaf in mein Bewußtsein,
der kleine Bruder des Todes.

In Deine gütigen und ewigen Hände
empfehle ich meinen Geist,
meine Seele und meinen Leib.

Herr,
Dein Wille geschehe auch in der Nacht in mir,
in meiner Seele!"

Lieber Wanderer, nimm nach diesem Dankgebet keine weltlichen Gedanken mehr in dich auf! Möge nun der Schlaf Einzug halten, der kleine Bruder des Todes: Du ruhst in Gott, und Gott wirkt in dir.

Bruder Emanuel legte dar:

Meine Freunde, das ist der Beginn des Inneren Weges. Die Bemühung, sich ständig auf die ewige Quelle auszurichten, auf die Liebe, das ist der Pfad der Liebe, die Liebemystik für den, der wahrlich Gott die Ehre gibt, in Gedanken, Worten und Werken, der Gott mehr liebt als sein niederes Ich. Der ist es, der wahrlich Fortschritte macht auf dem Pfad zu Gott, unserem Vater.

Christus kommt dem Wanderer tagtäglich näher, der wahrlich opferbereit ist, der mutig seinem niederen Ich begegnet und es der ewigen Liebe übergibt.

Meine Freunde, Christus ist da!

Der Vater rief euch durch Ihn. Er ist euer Erlöser, Er ist euer Wegbereiter.

Christus, euer Erlöser, möchte euch hin zum Vater führen. Ich, Bruder Emanuel, darf euer Lehrer sein.

Der Wanderer zum Königreich des Inneren möge nicht auf den Lehrer blicken, sich nicht auf den Lehrer einstimmen, sondern sich einzig auf Christus ausrichten. Denn Christus ist der Weg. Er, der ewige Geist, ist die Wahrheit in allem Sein, in allen reinen Wesen, auch in mir, eurem Bruder – auf Erden Emanuel genannt.

Christus ist das Leben in jeder Seele, in jedem Menschen. Wir alle sind das Leben in Gott. Wohl dem Wanderer, der sich von der inneren Kraft beseelen läßt! Wahrlich, er wird beseelt und erfüllt werden vom Geiste der Wahrheit.

Gott ist die Wahrheit. Ich, Bruder Emanuel, spreche aus der Wahrheit.

Im Namen des Vaters und des Sohnes, im Namen der ewigen Kraft und Wahrheit, spende ich euch den Segen.

Möge es in euch licht werden! Möge das Licht Gottes jeden durchstrahlen und führen!

Gott hat euch gerufen. Nutzt die Möglichkeit, den Inneren Weg jetzt im Erdenkleid zu gehen! Christus möchte nicht, daß die Seele immer wiederkehrt, sich immer wieder neu einverleibt.

Liebe Freunde, ihr habt den Ruf vernommen. Gebt der Gnadenzeit Raum in euch! Laßt die Gnade in euch walten!

Jetzt ist die Zeit und die Möglichkeit gegeben, euch vom Rad der Wiedergeburt zu lösen – durch ein gezieltes, bewußtes Leben der Liebe. So löst euch vom Wiedergeburtsrad durch ein zielstrebiges, auf Gott ausgerichtetes und gottgewolltes Leben!

Den Ruf Gottes zu vernehmen, ist Gnade. Wer den Weg nach Innen ernsthaft beschreitet, der wird erfüllt sein vom Lichte Gottes, von Seiner Gnade.

Die segnende Kraft des Vaters erfüllt euch mit Weisheit und Dynamik.

Meine Freunde!

Ich danke dem ewigen Geist, daß ich euch belehren und dienen darf. Euer Bruder aus dem Geiste Gottes, Emanuel.

Der Friede des Herrn ist mit euch.
Amen.

Unsere Schwester Gabriele gab dazu noch einige Anmerkungen:

Wer wenig oder gar keine Gottesliebe hat, der baut ein schlechtes Fundament: Er wird die vom Geiste für den Inneren Weg gegebenen Übungen mangelhaft durchführen und so nicht das Fundament legen, das er benötigt, um darauf weitere Stufen aufbauen zu können. Ohne Liebe zu Gott gibt es keinen Weg zu Gott. Denn Gott ist Liebe!

Der christliche Innere Weg ist keine Kasteiung. Der Mensch auf dem Inneren Weg sollte nichts verdrängen, sondern alles Negative allmählich überwinden. Dann wird Stück für Stück von ihm abfallen, was menschlich ist – bis er von innen heraus alles Irdische lassen kann.

Der Gehorsam gegenüber Christus ist die Verwirklichung der Gesetze. Deshalb müssen wir an uns arbeiten, damit wir die Gesetze verwirklichen und erfüllen und so unserem Führer, Christus, unserem Erlöser, nachfolgen können.

Das Oberbewußtsein ist das Verstandesbewußtsein. Es ist das, was noch in unserer Erinnerung ist, was uns geläufig ist, womit wir tagtäglich arbeiten. Das Unterbewußtsein liegt in tieferen Schichten des Gehirns. Dort ist das gespeichert, was wir vergessen, doch noch nicht überwunden haben.

Die Seele ist das Buch des Lebens. In ihr befinden sich Licht und Schatten, der Niederschlag unserer positiven und unserer negativen Gedanken und Werke. Die negativen Empfindungen, Gedanken und Taten bilden unsere Entsprechungen. Was die Seele gespeichert hat, strahlt sie über die sieben Bewußtseinszentren aus, die sieben Hüllen der Seele. In den Seelenhüllen spiegelt sich also das wider, was die Seele als Licht oder Schatten trägt.

Deshalb sagt uns nicht unser Verstand, wer wir sind, sondern die Ausstrahlung der Seele und die empordämmernden Belastungen unseres Unterbewußtseins zeigen es uns.

Liebe Schwester, lieber Bruder!

Der Kampf mit uns selbst ist uns so lange gegeben, bis wir unser Ich besiegt haben.

Du stehst nicht allein. Viele unserer Mitbrüder und -schwestern befinden sich im Kampf mit sich selbst und erheben sich heraus aus der Niedrigkeit zur höheren Geistigkeit und zum inneren Frieden, den wir in dieser Welt so notwendig brauchen.

Viele sind mit uns verbunden. In dieser geistigen Verbundenheit bleiben wir die Kinder Gottes.

Friede

Gabriele

3. *Körperrhythmus und Schulung des Sehorgans*

Disziplin – Die 1. Aufgabe: Der Körperrhythmus – Gedankenordnung – Die Verfeinerung der Sinne – Die 2. Aufgabe: Schulung des Sehorgans: Betrachten einer Pflanze – Die Bedeutung des Seelengebetes – Der Gruß des Friedens – Die Wirkung der negativen Gedanken – Zusammenfassende Wiederholung

—

Mit den Worten:
Lieber Bruder, liebe Schwester, Gott zum Gruß!
begrüßte uns unsere Schwester Gabriele und sprach:

Die zweite Offenbarung für die Stufe der Ordnung wurde uns am 13.10.1984 von Bruder Emanuel gegeben.

Bruder Emanuel sprach uns als seine Schüler an und wünschte uns mit folgenden Worten den inneren Frieden:

Liebe Schüler! Der Friede und die Liebe des Ewigen sind mit uns!

Der Pfad zur Liebe Gottes ist ein geheiligter Pfad. Diesen geheiligten Pfad kann nur der beschreiten, der wahrlich sein Leben mehr und mehr heiligt, der immer weniger auf das Äußere, auf die Welt mit ihren Sinnesreizen blickt.

Nur d e r Schüler kann also den Pfad nach Innen wandeln, der seine Gedanken ordnet, seine Rede zügelt und seine Sinne - allmählich - bemeistert.

Gabriele erklärte:

Lieber Bruder, liebe Schwester!

Auf dem Inneren Weg hast du immer wieder von der Gedankenordnung gehört. Um die Gedankenordnung zu erlangen, bedarf es äußerster Disziplin. Die Gedanken zu ordnen und auf das geistige Ziel auszurichten, ist für uns Menschen das Schwerste auf dem Pfad zu Gott.

Wer den Inneren Weg einige Schritte gewandert ist, mußte immer wieder erkennen: Nur die Liebe zu Gott, unserem Vater, und die Sehnsucht nach Reinheit und Geistigkeit lassen uns die Schritte bewußt gehen. Wer Gott, seinen Vater, mehr liebt als diese Welt und mehr als sich selbst, als sein Denken, sein Wollen und Tun, der ist es, der auf dem geistigen Weg vorwärtsschreitet.

Die geistige Disziplin ist maßgebend, um die Selbstkontrolle zu erlangen: die Kontrolle über unseren Menschen, über unsere Gedanken, Worte und Handlungen.

Liebe Geschwister, wir müssen uns einen harmonischen, ausgewogenen Körperrhythmus anerziehen, um in die Stille und in den inneren Frieden zu finden, in denen die Liebe Gottes allumfassend wirksam ist. Wir müssen uns also - immer und immer wieder - auf Gott einstimmen, auf die zentrale Kraft in unserer Seele. Wir müssen die unlauteren Empfindungen und Gedanken und unser Wollen dem Ewigen übergeben, Seinem Willen unterstellen. Wir müssen uns täglich bemühen, die unlauteren Gefühle nicht in unser Inneres zu lassen. Das ist, global gesprochen, geistige Disziplin.

Lieber Bruder, liebe Schwester, die gesamte Schulung, alle Belehrungen von Bruder Emanuel, sind auf das eine Ziel ausgerichtet, den Schüler zur inneren Stille und zur inneren Wahrheit zu führen.

Gerade auf der Stufe der Ordnung müssen wir uns um die Ausrichtung besonders bemühen. Wir müssen uns auf das Innere Leben, auf die innere Wahrheit, einstimmen, die nur in der Seele des Menschen zu finden ist. Aus dem Gesetz des Lebens, dem kosmischen Gesetz, muß vom Schüler immer mehr erkannt und verwirklicht werden, damit er auf dem Inneren Weg einen echten, tiefen geistigen Erfolg verzeichnen kann. Es bedarf allerdings des heroischen Opfermutes jedes einzelnen von uns, um wahrlich die Ausrichtung auf das Höchste zu erlangen.

Bruder Emanuel sprach
in der zweiten Offenbarung zur Ordnungsstufe
immer wieder die Disziplin an:

Liebe Schüler! Als Voraussetzung und um weitere Schulungen aus dem Geiste verwirklichen zu können, bedarf es also der geistigen Disziplin und der Gedankenkontrolle.

Geistige Disziplin heißt: Ordne dein Leben, dein Sinnen, Denken und Trachten. Erlange den Adel deiner Seele, dann wird auch dein Körperrhythmus harmonisch sein.

Geistige Disziplin bewirkt also einen ausgewogenen, harmonischen Körperrhythmus. Der hektisch-nervöse Mensch wird dadurch stiller; seine Bewegungen werden harmonischer; seine Sinne werden feiner.

Hierzu führte
unsere Schwester Gabriele aus:

Lieber Bruder, liebe Schwester, damit wir diese erwünschte Gedankenkontrolle erlangen, müssen wir uns also in der Disziplin üben.

Die erste Aufgabe für die Schüler der Ordnungsstufe ist deshalb folgende:

Der Wanderer auf dem Weg zum Königreich des Inneren achtet auf seinen Körperrhythmus.

Jeder bemüht sich nun, sich von außen nach innen zu harmonisieren. Das bedeutet, daß er nicht nur auf seine Gedanken, sondern auch auf seine Körperbewegungen achten sollte. Wir meiden also hektische Bewegungen. Schnelles, unharmonisches Laufen führt zu äußerer und innerer Disharmonie.

Das heißt nicht, daß wir das dynamische Leben, die Dynamik des Körpers, ablegen, also stillegen sollen!

O nein. Ganz im Gegenteil! Wir streben die innere Dynamik an, die geistige Dynamik, die edlen, rhythmischen Bewegungen der Seele und des Leibes. Nicht das Hektische und Disharmonische, das nach außen Gekehrte bringt Erfolg, nicht das Leben unter Erfolgszwang, sondern das Hingeben an die Göttlichkeit, an die Kraft, die unser Inneres und Äußeres durchströmt, die in unser Denken Klarheit bringt.

Wenn wir uns angewöhnen, aufrecht und harmonisch zu gehen, dann werden wir unsere Blicke vom Boden erheben und öfter in die Weite schauen. Das bewirkt mit der Zeit, daß wir klarer denken, weil in uns vermehrt die kosmischen Kräfte einfließen.

Durch die aufrechte Haltung, durch den Blick in die Weite und durch ein Gott zustrebendes Leben nehmen wir immer mehr Anteil am göttlichen Wirken, das in allen Lebensformen ist.

Am Erdboden haften düstere Gedanken. Schwere Schwingungen ziehen am Erdboden entlang. In den kosmischen Weiten fließen höhere Kräfte.

Auch das bewußte Betrachten einer Blume oder einer Blumenwiese, die Betrachtung der Sträucher und Bäume schenkt dem Gott Zustrebenden innere Erholung und Ausrichtung auf Gott - die Stille; nur in der Stille offenbart sich der Ewige. Auch sollen wir den Sternenhimmel und die Sonne mit ihren Strahlen betrachten.

Wir nehmen das Betrachtete in uns auf. Das bringt Frieden, Vertrauen, Hoffnung, Zuversicht - und wiederum Ausrichtung auf das Höchste. Wir werden stiller und gottbewußter, weil wir Seine Kraft und Seine Gegenwart verspüren.

Wir dürfen dadurch auch erfahren, daß edle Gedanken, reine Worte, geläuterte Sinne und eine geistige Dynamik uns ein ausgewogenes, rhythmisches Arbeiten ermöglichen - was nichts mit einer meditativen Haltung bei der Arbeit zu tun hat: Es ist das Arbeiten mit der inneren Kraft, ohne Hektik, doch zielstrebig und zielbewußt. Die Meditation ist für Geschwister, die den Inneren Weg anstreben, eine geistige Hilfe, um die Aufgaben zur Verfeinerung der Seele und des Menschen leichter erfüllen zu können.

Unsere fünf Sinne sind nicht Einzelkräfte, sondern ein Sinnesorgan wirkt auf das andere ein.

Um unsere Sinne zu verfeinern, sollten wir auch bei der Nahrungsaufnahme unseren Körperrhythmus beachten: Unkontrolliertes Essen, schnelles Kauen oder hastiges Trinken führen ebenfalls zu Disharmonie und nach außen in die Welt der Sinne. Sobald wir in Hektik kommen, verändert sich der Körperrhythmus - und wir nehmen die alten Gewohnheiten wieder auf, wie zum Beispiel Alkohol-, Nikotingenuß usw. Auch sehr heiße und sehr kalte Getränke wirken störend auf den Rhythmus des Körpers ein. Sie bewirken im Nervensystem eine Revolution. Die Nerven verkrampfen sich; wir können sagen, wir schockieren sie. Und die Verkrampfung des Nervensystems wirkt sich wiederum störend auf den gesamten Organismus aus. Das kann auf die Dauer zu größeren Schäden im Organismus führen. Wir können dadurch nicht nur in Hektik und innere Erregung gelangen. Auch Unpäßlichkeiten und Krankheiten können die Folge sein.

Sobald wir uns erregen, also unruhig werden, fliegen uns Gedanken an, oder Geschehnisse werden uns wieder bewußt, von denen wir glaubten, sie schon längst überwunden zu haben. Wir haben sie durch unsere Disharmonie wieder herbeigeholt und bewegen sie nun wieder in unseren Gedanken.

Viele Gedanken und Geschehnisse müßten nicht mehr betrachtet und analysiert werden, wenn wir diese schwingenden Energiekomplexe um uns nicht mehr durch einen Schwingungsabfall des Körpers berühren würden. Sie würden allmählich austrocknen, also sich auflösen und nur noch als Erinnerung in uns sein.

Bekommen wir unseren Körperrhythmus nicht rechtzeitig unter Kontrolle und transformieren wir die Schwingungszahl unseres Leibes nicht höher durch positive, bejahende, zielbewußte Gedanken, dann jagen immer mehr Gedankenvagabunden unkontrolliert durch unser Gehirn. Das bewirkt, daß sowohl die Seele wie auch unser Körper in niedere Schwingungszonen abgleiten, in Bereiche, in denen vollkommen andere Empfindungen und Gedanken schwingen, die sodann in uns Einlaß finden.

Wir können also von den schwingenden Gedankenkomplexen, von diesen Gedankenwellen, beeinflußt werden. Ein hektischer Mensch, ein verkrampftes Nervensystem ist sodann oftmals nicht mehr in der Lage, diese gegensätzlichen Gedankenkräfte abzuwehren.

Bewältigen wir unsere eigene Saat von Gedanken nicht mehr, dann können sie den gesamten Organismus befallen und ihn wie ein Virus schütteln. Sie können als Anstoß für eine Krankheit wirken.

Wer seine Gedanken nicht rechtzeitig bekämpft, indem er sie immer wieder Christus, dem Geist der Seele, übergibt, wird ein Gefangener dieser Gedankenvagabunden.

Wer beständig über seine Vergangenheit nachsinnt, wer also das Menschliche durch immer wieder gleiche Gedanken nährt, verstärkt nur den Gedankenkomplex. Er wird sodann immer mehr Einfluß auf ihn nehmen.

Bruder Emanuel ermahnte uns immer wieder
zur Disziplin. Er sprach:

Ohne geistige Disziplin ist eine Gedankenkontrolle kaum möglich. Damit Seele und Mensch in den geistig-göttlichen Rhythmus finden, bedarf es vor allem auch der Ausrichtung der fünf Sinne. Hören, Sehen, Riechen, Schmecken und Tasten müssen verfeinert werden.

Gabriele:

Die äußeren Sinne sollen also geschult und verfeinert werden, damit sie sich immer mehr mit den inneren Sinnen, den Sinnen der Seele, verbinden. Je mehr der Schüler die äußeren fünf Sinne verfeinert, um so edler wird seine Gesinnung, um so reiner seine Seele.

Wir arbeiten also von außen nach innen. Was sich im Äußeren verfeinert, erwacht im Inneren. Auf diese Weise finden die verfeinerten Körpersinne Zugang zu den Sinnen der Seele. Sie verbinden sich und werden sodann zur geistig seherischen Kraft: Der Mensch fühlt, was sich hinter der Materie abspielt. Er fühlt das Geistige. Er fühlt aber auch die Gedanken des Menschen, ja er schaut und fühlt hinter die Maske seines Nächsten.

Über die verfeinerten Sinne registrieren wir also das Geistige in dieser Welt. Aber auch das vom Menschen Verschleierte - seine Gedankenwelt - erfühlen die fünf geistigen Sinne.

Die geistigen Sinne, die Sinne der Seele, fühlen aber auch - über die vergeistigten irdischen Sinne –, wenn sich etwas Bedrohliches anschicken möchte. Die geistigen Sinne fühlen und empfinden auch - über die verfeinerten Körpersinne - Krankheiten und Nöte im Menschen, ja sie erkennen im eigenen Körper die Schwierigkeiten und die Krankheit - und auch im Körper des Nächsten.

Um diese Vergeistigung zu erlangen, müssen wir von außen nach innen wandern. Deshalb der Weg nach Innen. Die Geistigkeit wird also von außen nach innen geweckt und wächst dann anschließend von innen nach außen.

Die fünf Sinne der Seele sind die fünf geistigen Atomarten, die sich in jedem Seelenpartikel befinden. Je mehr wir unsere Empfindungen, Gedanken, Worte, Werke und unsere fünf Sinne verfeinern, um so mehr wenden sich die geistigen Sinne - die Sinne der Seele, die geistig-atomare Struktur - dem Wesenskern der Seele zu, dem unbelastbaren Urprinzip. Je mehr wir uns verfeinern, um so genauer richten wir die Seelenantenne auf den unbelastbaren Wesenskern in der Seele aus. Je mehr wir also auf Gott ausgerichtet sind, je stabiler unsere Antenne auf das Urprinzip gerichtet ist, um so mehr göttliche Kräfte empfangen wir.

Wir müssen also zuerst unsere Seelenantenne auf das Göttliche ausrichten und festigen, damit wir auch den Ewigen in uns vernehmen können.

Zum besseren Verständnis: Unsere Seele besteht aus Trillionen und Abertrillionen geistiger Partikel. In jedem geistigen Partikel befinden sich die fünf geistigen Atomarten. Sämtliche geistigen Atome in den Trillionen und Abertrillionen Seelenpartikeln bilden - als Gesamtheit - die Antenne zum Göttlichen. Wir müssen uns also bemühen, die Antenne auf den Wesenskern, das Urprinzip, auszurichten, um das göttliche Wort rein und klar empfangen zu können.

Lieber Bruder, liebe Schwester, Bruder Emanuel, der Geistige Lehrer im Universellen Leben, ermahnte uns, die Liebe zu allen Lebensformen zu pflegen und selbstlos zu werden - auf daß die Liebe in uns immer mehr wächst. Er sprach abermals - und wir sollten diese Worte in unser Mystisches Tagebuch aufnehmen:

Ohne Liebe zu Gott keine Disziplin.
Und ohne Disziplin keine Gedankenkontrolle.
Ohne Disziplin und ohne Gedankenkontrolle auch keine Ausrichtung der fünf Sinne.

Sämtliche menschlichen Regungen und Neigungen müssen veredelt und umgewandelt werden, damit wir wieder zum bewußten Ebenbild Gottes werden. - Wenn wir von Veredelung und Umwandlung hören, so dürfen wir erkennen, daß der Ewige nicht die Kasteiung wünscht. Veredeln heißt, wir werden vom Menschlichen nicht nur einen größeren Abstand gewinnen, sondern auch das, was uns anhaftet und bewegt - sei es tierische Nahrung, Alkohol, Nikotin, triebhaftes Leben oder dergleichen - verfeinern.

Das heißt: Wir werden die Fleischnahrung bewußter essen und weniger zu uns nehmen. Wir werden Alkohol und Nikotin wohl noch zu uns nehmen, doch wir werden uns dabei beobachten und diese Genußmittel etwas mehr einschränken, die Menge und die Häufigkeit des Genusses verringern. Auch das triebhafte Leben wird sich veredeln, weil wir unseren Nächsten als den Tempel des Heiligen Geistes sehen und ihm sodann auch entsprechend begegnen.

Diese Veredelung vollzieht sich allmählich. Im Laufe der Zeit wird unser Niederes die Umwandlung erfahren: Das heißt, wir können das noch vorhandene Menschliche dem Ewigen übergeben. Wir bedürfen dieser Dinge nicht mehr. Dafür werden wir Geistiges erlangen und dadurch dem hohen Adel der Seele zustreben.

Wir kommen nun zur zweiten Aufgabe, zur Schulung des Sehorgans. Wir wollen uns nun täglich bemühen, unsere Augen zu schulen: Wir werden nicht mehr alles, was die Welt bietet, sehen wollen, sondern nur noch das Wesentliche. Dadurch stimmen wir das Sehorgan auf die göttliche Wellenlänge ein.

Bruder Emanuel
offenbarte hierzu folgendes:

Ich beginne bewußt beim Sehorgan, da gerade die Augen sehr stark auf alle weiteren Sinne einwirken.

Liebe Schüler, jeder hat nun sein Mystisches Tagebuch. Auf der rechten Seite des Mystischen Tagebuchs trägt der Schüler das Positive ein, all das, was er schon weitgehend bewältigt hat, was gut und edel ist. Auf der linken Seite des Mystischen Tagebuches trägt er all die Empfindungen, Gedanken und Regungen ein, die er noch nicht überwinden konnte, die ihn immer wieder hinabziehen, die ihn immer wieder belasten und nach außen in die Sinneswelt führen.

Bruder Emanuel sprach weiter:

Bisher habt ihr die Blicke schweifen lassen und die Welt mit ihren Lockungen und Geschehnissen so betrachtet, wie sie sich dem Weltmenschen darbietet. Das soll sich nun ändern.

Der Schüler auf dem Inneren Weg geht mehr und mehr in die Selbstbetrachtung. Beachtet euren Tagesablauf und beobachtet, welchen Dingen und Geschehnissen ihr euch immer und immer wieder zuwendet, welchen Reizen eure Augen folgen. Notiert das Für und Wider in euer Mystisches Tagebuch.

Die rechte Seite des Mystischen Tagebuches weist die lichten Seiten des Schülers auf, das, was er weitgehend bewältigen konnte. Darüber soll sich der Schüler freuen und Gott für Seine Führung und Hilfe danken. Die Aufzeichnungen auf der linken Seite des Tagebuches müssen vom Schüler noch bewältigt werden.

Bruder Emanuel
gab uns einen wertvollen Satz, den wir
in das Mystische Tagebuch aufnehmen:

Wer seinem niederen Ich den Kampf ansagt, der hat bewußt Christus an seiner Seite, der ihm beisteht, der ihm Seine Kraft zur Überwindung des Niederen schenkt.

Hierzu Gabriele:

Lieber Bruder, liebe Schwester, wir benötigen also heroischen Opfermut, um uns zu bemeistern. Auf dem Inneren Weg werden wir nur voranschreiten, wenn die Liebe zu Gott wächst und auch zu unserem Nächsten. Denn die Liebe zum Ewigen läßt vieles, ja alles überwinden.

Bruder Emanuel gab uns eine weitere Aufgabe, um das Sehorgan zu schulen. Wir gehen in die Betrach-

tung: Wir betrachten zum Beispiel einen Nadelbaum, eine Blume oder einen Strauch, was uns gerade lieb ist. Es soll jedoch eine Pflanze sein. Wir betrachten den Gegenstand so, wie wir ihn bisher sahen, also nur das Materielle. Wir betrachten ihn allein mit unseren physischen Augen. Nur mit dem Äußeren, ohne das Innere zu bewegen. Dabei halten wir die Augen offen. Wir sehen den Gegenstand an. Unsere Gedanken und Gefühle notieren wir in das Mystische Tagebuch, entweder auf die rechte oder auf die linke Seite, je nachdem, welche Empfindungen, Gedanken und Gefühle wir hatten.

Etwas später werden wir dann wieder dieselbe oder eine andere Pflanze betrachten. Wir blicken sie an, schließen dann aber die Augen und nehmen das Bild, den Eindruck der Pflanze, mit in unser Inneres. Dort lassen wir den Eindruck nachschwingen. Was wir dabei fühlen und empfinden oder denken, das notieren wir wieder in das Mystische Tagebuch.

Diese Übungen können wir zwei- bis dreimal täglich machen, insbesondere dann, wenn wir plötzlich verspüren, daß sich unsere Sinne sehr stark nach außen kehren und unser Körperrhythmus hektisch wird.

Ich darf wiederholen: Gerade die Schulung des Sehorgans ist von großer Bedeutung, weil dieses sehr stark auf die weiteren vier Sinne einwirkt.

Lieber Bruder, liebe Schwester, auch an das Seelengebet möchte ich dich erinnern.

Bemühe dich, das Beten der Seele freudig und dankbar anzustreben. Gerade das Bemühen, tiefer zu den

Schichten der Seele vorzudringen, bewirkt, daß wir allmählich die Ausrichtung auf das Höchste erlangen.

Stellen wir uns einen Brunnen vor. In der Tiefe des Brunnens, unter dem Geröll von Steinen und Sand, fließt reines Quellwasser. Ein dürstender Mensch wird alles daransetzen, um zur Quelle zu gelangen. Mit großem Fleiß, ja mit seinen letzten Kräften wird er den Brunnen reinigen, um zum Wasser, zur Quelle zu gelangen.

Ähnlich ist es beim Seelengebet. Je disziplinierter und freudiger wir das Seelengebet durchführen, um so schneller werden wir zur Quelle, zum Inneren Leben finden. Zum Seelengebet gehören jedoch auch alle weiteren Aufgaben, die wir verwirklichen sollen, um die Veredelung von Seele und Mensch zu erlangen. Nur auf diese Weise, indem wir Gedanken, Worte, Werke und Sinne verfeinern und vergeistigen, finden wir zum reinen Quell.

Wir wollen uns auch einmal Gedanken über den Gruß machen: Wie oft wird der Gruß „Guten Tag" oder „Grüß Gott" leichtfertig, ohne zu denken, ausgesprochen, weil er uns eben geläufig ist.

Bruder Emanuel lehrte uns
den Gruß des Friedens. Er sprach:

Der Gruß des Friedens wird demjenigen zum Bedürfnis werden, der in sich den Frieden Gottes empfindet.

Gabriele:

Wenn wir also den Friedensgruß aussprechen, dann sollte er unserem Inneren entströmen. Was aus der Selbstlosigkeit gegeben wird, das bewirkt ein Echo in unserem Nächsten und in uns selbst.

Wer auf dem Inneren Weg erfolgreich voranschreitet, sich also immer mehr veredelt, dem wird der Gruß des Friedens ein Herzensbedürfnis sein. Geistige Menschen grüßen sich von innen heraus, aus dem Frieden der Seele und des Gemüts.

Wir wollen nun auch den Friedensgruß pflegen. Aber nur die Wanderer auf dem Pfad nach Innen sollen sich mit dem Friedensgruß grüßen, ohne sich die Hände zu schütteln. Wollen wir einem Weltmenschen den Frieden wünschen, dann können wir es auch in Gedanken tun. Reicht uns jedoch ein Geschwister die Hand und begrüßt uns mit „Guten Tag" oder „Grüß Gott", dann werden wir ihm auch die Hand reichen und „Guten Tag" oder „Grüß Gott" erwidern.

Wir sollen freie Menschen werden. Wer die Gesetze Gottes verwirklicht, wird frei. Er wird sich in jede Situation richtig einfühlen können, weil er die Stufen des Menschlichen ebenfalls gegangen ist und durch Christus überwunden hat.

Unser Geistiger Lehrer, Bruder Emanuel,
sprach:

Wer gewissenhaft die Verwirklichung anstrebt, in der rechten Liebe zu seinem Nächsten und zu allen

Lebensformen, der wird sich auch nicht kasteien. Nur derjenige kasteit sich, der wenig verwirklicht hat. Jede Kasteiung macht unfrei und schafft Zwangsvorstellungen, indem der Sich-Kasteiende glaubt, der Nächste müsse so denken und handeln, wie e r es tut.

Jeder Mensch hat den freien Willen. Was er tut, hat er vor Gott zu verantworten, nicht vor den Menschen. Nur wer die Gesetze Gottes verwirklicht, hat Verständnis für seine Mitmenschen, da er kein Sich-Kasteiender, sondern ein Überwinder seiner menschlichen Natur ist.

Gabriele sprach weiter:

Der Gruß des Friedens soll also von innen heraus wachsen - es soll uns ein Herzensbedürfnis sein.

Bruder Emanuel erklärte uns, daß jede Kasteiung ihre Nebentriebe und Nebenwirkungen hat: Was wir heute verdrängen, das kann morgen auf eine ganz andere Art und Weise zutage treten.

Deshalb heißt es auf dem Pfad der Liebe: Erkenne dich selbst und überwinde dein Ich! Was du an Gegensätzlichem erkannt hast, das bewältige Stück für Stück - bewußt und dankbar dem gegenüber, der unendlich viel Geduld mit Seinen Kindern hat: Gott, unser Vater in Christus, unserem Erlöser.

Lieber Bruder, liebe Schwester! Ich gebe noch einmal eine kurze ***Zusammenfassung*** *der Unterwe-sung zum Lehrstoff des zweiten Vortrags für die Stufe der Ordnung.*

Bruder Emanuel offenbarte uns:

Der Pfad der Liebe ist ein geheiligter Pfad. Den geheiligten Pfad kann nur der beschreiten, der wahrlich sein Leben mehr und mehr heiligt, der immer weniger auf das Äußere, auf die Welt mit ihren Sinnesreizen blickt.

Gabriele:

Lieber Bruder, liebe Schwester, wichtig für uns, die wir den Inneren Weg betreten haben, ist auch, daß nur d e r Mensch den Pfad erfolgreich wandern kann, der gewillt ist, seine Gedanken zu ordnen und seine Sinne allmählich zu bemeistern. Ich wiederhole noch einmal die Ermahnung Bruder Emanuels:

Um die Gedankenordnung zu erlangen, bedarf es der äußersten Disziplin. Die Gedanken zu ordnen und auf das geistige Ziel, Gott, auszurichten, ist für manchen von uns noch schwer. Es ist nur demjenigen möglich, der Gott, seinen Vater, mehr liebt als diese Welt - und mehr als sich selbst, als sein Denken und Wollen.

Unsere Schwester Gabriele
erinnerte uns:

Wir müssen uns einen harmonisch ausgewogenen Körperrhythmus aneignen, um immer mehr in die Stille und in den inneren Frieden zu finden, in denen die Liebe Gottes verstärkt wirksam ist.

Die gesamte geistige Schulung, alle Belehrungen aus dem Geiste, sind auf das eine Ziel gerichtet, uns zur inneren Stille und zur inneren Wahrheit zu führen. Gerade auf der Stufe der Ordnung bedarf es ganz besonders der Ausrichtung auf das Innere Leben, auf die Wahrheit, die nur in der Seele des Menschen zu finden ist.

Vieles muß also von uns erkannt und verwirklicht werden, damit wir einen echten, tiefen geistigen Erfolg erzielen können. Daher bedarf es des heroischen Opfermutes, um wahrlich die feste Ausrichtung auf das Höchste zu erlangen.

Opfermut heißt: Jeden Tag sein Ich aufs neue bekämpfen - und immer wieder aufstehen, wenn wir geistig gefallen sind.

Was ist ein negativer Gedanke?

Jeder ichbezogene, habgierige Gedanke. Neid, Stolz, Abwertung des Nächsten, Eifersucht, Rachsucht, Streit und Unnachgiebigkeit sind gegensätzliche Gedanken. Auch niedere Neigungen wie Trunksucht, Eßsucht, Völlerei, Rauchen, Mißgunst, das Demütigen unseres Nächsten, Eitelkeit, Hochmut und Triebhaftigkeit beruhen auf ichbezogenen, negativen Gedanken und Empfindungen.

Was ist Triebhaftigkeit?

Von einem Wahn getrieben zu sein, das gehört mit zur Triebhaftigkeit. Oder: Das gleiche besitzen zu wollen wie der Nachbar und die Gier nach Geld und Gut.

Triebhaft ist auch die Neugierde, alles wissen zu wollen, was der andere spricht. Auch Fanatismus kann unter die Triebhaftigkeit eingereiht werden - je nach Intensität dieser Neigung. Der Wahn, von heute auf morgen alles niedere Menschliche ablegen zu wollen, ist Fanatismus und kann somit auch triebhaft sein. Übersteigerte Sexualität ist triebhaft; auch das Umwölktsein von Gedanken an eine Frau oder an einen Mann, um Frau oder Mann besitzen zu wollen oder bei ihnen etwas erreichen zu wollen. Alles, was übersteigert ist, ist triebhaft.

Um also aus unserer Menschlichkeit herauszufinden, bedarf es der Ordnung unseres Lebens. Deshalb notieren wir jetzt in unser Tagebuch:

> *Wir ordnen unser Leben, unser Denken, unser Sinnen und Trachten. Dadurch erlangen wir den Adel unserer Seele. Die Folge davon ist ein harmonisch ausgewogener Körperrhythmus, der sich immer mehr dem Rhythmus des kosmischen Lebens angleicht.*

Durch das Hineinwandern zum Reich des Inneren - also durch das Arbeiten an uns selbst - wird der hektische und nervöse Mensch stiller, seine Bewegungen werden harmonischer und seine Sinne feiner.

Wir wollen die Selbstlosigkeit erlangen, damit das Selbstmitleid von uns abfällt und wir in das Stärkebewußtsein gelangen. Das heißt: Was wir tun, tun wir mit Gott und ganz.

Die erste Aufgabe war also, unseren Körperrhythmus zu beachten, uns zu harmonisieren. Wir sollen hektische Bewegungen meiden. Schnelles, unharmonisches Laufen führt ebenfalls zu äußerer und innerer Disharmonie.

Das heißt nicht, wir sollen das dynamische Leben, die Dynamik unseres Körpers, ablegen. Es heißt, wir sollen die innere, ausgewogene Dynamik, die geistige Dynamik, die edle, rhythmische Bewegung der Seele und des Leibes, anstreben - nicht das Hektische, Disharmonische, das Nach-außen-Gekehrtsein.

Wir üben uns also in der rechten Disziplin, um die Harmonie der Seele und des Leibes zu erlangen.

Unkontrolliertes Essen, schnelles Kauen, hastiges Trinken führen ebenfalls zu Disharmonie. Dadurch verändert sich sofort der Körperrhythmus. Sobald wir wieder in die Disharmonie zurückfallen, nehmen wir auch wieder unsere alten - überwunden geglaubten - Gewohnheiten auf. Auch heiße und sehr kalte Getränke wirken störend auf den Rhythmus des Körpers ein. Heiße und kalte Getränke bewirken im Nervensystem eine Revolution. Die Nerven verkrampfen sich. Sie erleiden einen Schock. Diese Störung wirkt sich auf den gesamten Organismus aus. Das bedeutet, daß wir wieder in Hektik und innere Erregung geraten. Unsere Bewegungen, ja der gesamte Körperrhythmus, verändern sich zum Gegensätzlichen, zum Disharmonischen hin.

Was ich jetzt wiedergebe, ist eine Wiederholung, nur zusammengefaßt, um uns den gesamten Lehrstoff noch einmal ins Gedächtnis zu rufen.

Sobald wir in Unruhe und Erregung gelangen, ist es uns oftmals nicht mehr möglich, unsere Gedanken unter Kontrolle zu halten. Unsere Gedanken jagen sodann wieder unkontrolliert durch unser Gehirn. Dadurch gelangen Seele und Leib in niedere Schwingungszonen, in Bereiche, in denen vollkommen andere Empfindungs- und Gedankenenergien schwingen, die sodann in uns wirksam werden können. Befinden wir uns also auf einer niederen Schwingungsebene, dann werden wir auch die dort schwingenden Gedankenkomplexe anziehen und in uns zur Wirkung kommen lassen. Wir werden also von diesen dort schwingenden Gedankenwellen beeinflußt.

Wir müssen uns beobachten, unsere Gedanken kontrollieren und den gegensätzlichen Gedanken positive Gedanken entgegensetzen, damit wir schwingungsmäßig nicht absinken, was die Verkrampfung der Nerven und unseres Körpers zur Folge hat.

Ein hektischer Körper, ein verkrampftes Nervensystem ist oftmals nicht mehr in der Lage, die gegensätzlichen Kräfte abzuwehren, die den gesamten Organismus erfassen können, je nachdem, wie weit wir uns in niedere Schwingungszonen hineinbegeben haben.

Wenn wir uns also nicht rechtzeitig selbst auffangen, indem wir unseren negativen Gedanken positive, aufbauende und lebensbejahende Gedanken entgegensetzen, dann werden wir Gefangene unserer eigenen Gedankenkräfte. Auch durch beständiges Nachsinnen über eine Sache oder durch Grübeln verstärken wir die negativen Kräfte in unserer Seele und in unserem

Körper. Auf diese Weise nehmen sie ebenfalls Einfluß auf uns.

Eine wesentliche Aufgabe für uns ist also, auf unsere Gedanken und auf unseren Körperrhythmus zu achten. Voraussetzung ist geistige Disziplin, ist der Wille, unsere Gedanken zu ordnen und den gegensätzlichen Gedanken positive, aufbauende und bejahende, zielbewußte Gedanken entgegenzusetzen.

Damit wir also die stetige Ausrichtung auf das Höchste erlangen, müssen wir manches beachten: Die Gedankenkontrolle, das, was wir sprechen, unseren Körperrhythmus, und auch die Bemeisterung der fünf Sinne.

Die fünf Sinne, der Gehörsinn, das Sehen, der Geruchs- und Geschmackssinn und der Tastsinn bedürfen ebenfalls der Verfeinerung. Die menschlichen fünf Sinne bilden die Antennen nach außen. Sind unsere Sinne grob und nicht verfeinert, suchen sie nur im Zeitlichen, dann sind wir weltbezogen und nicht gottbezogen. Deshalb müssen wir unsere Sinne verfeinern, so daß wir im Laufe der Veredelung unserer Seele und unseres Körpers den Geist in allen Dingen erfassen können.

Sobald sich unsere Sinne verfeinern, wenden wir unser Sinnen, Trachten und Denken nach innen, zu dem Geist in unserer Seele. Haben wir die Verbindung zu dem Ursprung des Lebens hergestellt, dann empfangen wir auch reine Inspiration. Für uns bedeutet das oftmals einige Jahre oder jahrzehntelanges Arbeiten an uns selbst, um reine Inspiration zu erlangen. Haben wir die Verbindung zu unserem Inneren hergestellt, dann werden wir von innen aus die Dinge und Geschehnisse so sehen, wie sie sind, nicht, wie sie scheinen.

Die äußeren Sinne müssen sich also verfeinern und nach innen wenden zu den Sinnen der Seele, damit die Sinne der Seele und die Sinne des Körpers e i n e Ausrichtung erlangen, nämlich auf das göttliche Leben in der Seele, auf den Wesenskern. Haben wir den Kontakt zu unserem urewigen Sein hergestellt, dann werden wir auch in der Welt, in unserem Nächsten und in allem, was lebt, das Positive sehen und positiv leben. Sind wir positiv eingestimmt, dann sind wir barmherzig, gütig, verständnisvoll, tolerant, nachsichtig und liebevoll.

Wir nehmen folgendes in unser Mystisches Tagebuch auf:

> *Je mehr wir unsere fünf Sinne verfeinern, um so edler wird unsere Gesinnung, desto reiner unser Leben. Je edler also unser Denken, Sinnen und Trachten ist, um so mehr sind wir auch auf das Höchste ausgerichtet, auf Gott, das Leben.*

Die zweite Aufgabe lautet: Schule das Sehorgan! - Wir sollten uns täglich bemühen, unseren Sehsinn auf das Innere Leben auszurichten, um ihn so auf die inneren Sinne, die Sinne der Seele, einzustimmen. Wir haben gehört, daß das Sehorgan ein sehr wesentliches Sinnesorgan ist, denn es wirkt auf alle weiteren Sinne ein. Wir bemühen uns also, diese vom Geist gegebene Aufgabe gewissenhaft durchzuführen. Ich darf sie noch einmal wiederholen:

Wir haben bisher die Blicke schweifen lassen, die Welt mit ihren Sinnesreizen und Geschehnissen so betrachtet, wie sie sich uns darbietet. Auf dem Weg zu Gott muß es anders werden. Auf dem Pfad zu Gott begeben wir uns immer mehr in die Selbstbetrachtung.

Wir beobachten uns in der ersten Zeit, damit wir uns erkennen, so, wie wir sind. Wir beobachten, wie wir über Dinge und Geschehnisse denken und welchen Reizen unsere Augen ausgesetzt sind. Das Für und Wider nehmen wir sodann in das Mystische Tagebuch auf.

Ich wiederhole: Auf der rechten Seite des Mystischen Tagebuches tragen wir das Positive ein, alles, was wir glauben, bewältigt zu haben, was gut und edel ist. Auf der linken Seite tragen wir alle Empfindungen, Gedanken und Regungen ein, die wir noch nicht überwinden konnten, die uns immer und immer wieder bewegen, uns immer wieder belasten und unsere Sinne immer wieder nach außen in die Sinneswelt ziehen.

Die rechte Seite unseres Mystischen Tagebuches weist also die lichten Seiten unseres Lebens auf, das, was wir weitgehend bewältigen konnten. Darüber sollten wir uns freuen und Gott für Seine Führung und Hilfe danken. Aber auch für die Schattenseiten, die auf der linken Seite unseres Mystischen Tagebuchs stehen und noch nicht bewältigt sind, sollten wir Gott, unserem Vater, danken: Durch Christus, unseren Erlöser, zeigt Er uns, was wir mit dem Geiste Christi noch bewältigen dürfen.

Wir werden sodann aus Liebe zu Gott die menschlichen Eigenschaften und Neigungen, die Schattenseiten unseres Lebens, bewältigen. Wer seinem niederen Ich den Kampf ansagt, der hat bewußt Christus als Stütze und Hilfe an seiner Seite. Nur mit heroischem Opfermut und innerer Siegesfreude wird sich der Schüler selbst bemeistern.

Lieber Bruder, liebe Schwester! Nimm dein Tagebuch zur Hand und notiere folgende Sätze auf, die du dir immer wieder ins Gedächtnis rufen solltest:

> *Die Liebe zu Gott ist wesentlich, weil die Liebe zum Ewigen vieles überwinden läßt. Je größer die Liebe zu Gott ist, um so schneller werden wir auch unsere menschlichen Eigenschaften und Neigungen überwinden.*

Die einfachen Übungen, gegeben aus dem Geiste Gottes, bewirken ein tiefes, inneres Leben. Gott ist nicht kompliziert; Gott ist einfach. Gerade das Einfache ist das Geniale. Deshalb auch die schlichten Übungen.

Ich darf die Übung für das Sehorgan wiederholen:

Wir betrachten einen Nadelbaum oder eine Blume oder einen Strauch, was uns gerade lieb ist; es soll jedoch eine Pflanze sein. Wir betrachten sie zuerst mit den äußeren Augen. Wir betrachten nur das Äußere. Die Gedanken und Empfindungen, die dabei in uns aufsteigen, nehmen wir in unser Mystisches Tagebuch auf.

Dann betrachten wir die Pflanze von innen, das heißt, wir versuchen, den Gesamteindruck in uns aufzunehmen: Wir sehen die Pflanze an. Dann schließen wir unsere Augen und lassen sie in uns nachschwingen. Unsere Gedanken und Gefühle, die wir dabei wahrnehmen, notieren wir wiederum im Mystischen Tagebuch.

Diese Übung können wir mehrmals machen, zwei-, dreimal am Tage. Wenn wir spüren, daß unsere Sinne wieder sehr stark nach außen ziehen, daß sich der Körperrhythmus verändert, wenn wir also hektisch werden, dann sollten wir, sobald es uns möglich ist, erneut in diese innere Betrachtung gehen.

Lieber Bruder, liebe Schwester, ich darf dich auch an das Seelengebet erinnern.

Du hast von dem Brunnen gehört, der zuerst gereinigt werden muß, um zur reinen Quelle zu gelangen. Damit wir zur Quelle finden und unsere Seele gesetzmäßig betet, müssen wir zuerst alles hinwegräumen, was das Fließen der Quelle hindert.

Ich darf auch an den Friedensgruß erinnern: Lieber Bruder, liebe Schwester, lege auch hier keinen Fanatismus an den Tag, sondern grüße deine Mitmenschen so, wie sie auf dich zukommen. Doch die Brüder und Schwestern auf dem Inneren Weg zu Gott begrüße mit dem Gruß des Friedens: „Der Friede sei mit dir“, oder „Der Friede sei mit euch“.

Der Weg der Liebe heißt: vom Menschen zum Gottmenschen, von der niederen Natur zur göttlichen zu gelangen. Gott ist absolut. Wir, Seine Kinder, sollen wieder absolut werden. Der schönste Sieg ist, sich selbst bezwungen zu haben.

Wo keine Liebe zu Gott ist, da ist auch kein Weg zu Gott. Wo nur Menschliches ist, menschliches Sein, menschliches Wollen, Sinnen und Trachten, dort kehrt die Liebe des Vaters nicht bewußt ein. Deshalb wollen wir die Aufgaben aus dem Geiste Gottes freudig und dankbar erfüllen, aus Liebe zu Gott, unserem Vater, und zu unserem Erlöser, Jesus Christus.

Der Friede sei mit uns allen!

In geschwisterlicher Liebe sind mit euch verbunden die Brüder und Schwestern im Universellen Leben.

Habt Mut, liebe Geschwister! Die Beständigkeit, unserem Ich den Kampf anzusagen, bringt den Erfolg. Wir alle rangen und ringen, dem Göttlichen in uns näherzukommen.

Verständnisvoll und in der göttlichen Liebeverbindung
von Mensch zu Mensch,
von Seele zu Seele,
von Ort zu Ort -
bis zur Unendlichkeit
bleibe ich eure Schwester

Gabriele

4. Augenlehre; Gehörlehre und Bewältigung der Vergangenheit

Alles ist Offenbarung Gottes – Gott ist die Liebe – Erkennen der Entsprechungen – Aufgaben der Augenlehre zur Förderung des Einheitsbewußtseins: Betrachten von Mineralien und Steinen; Betrachten von Tieren; Betrachten der Natur – Von der Sinneslehre zur Herzenslehre – Der Ursprung der Gedanken – Erinnerungen und Entsprechungen – Gedankenvagabunden und immer wiederkehrende Gedanken — Das Vergangene ruhen lassen – Vergeben und um Vergebung bitten – Die Gehörlehre: Die Wirkung von disharmonischen und von harmonischen Geräuschen auf den Körperrhythmus – Weisheit – Aufmunterungen von Bruder Emanuel – Zusammenfassung: Das gute Fundament; schrittweise Verfeinerung statt Kasteiung; Oberbewußtsein, Unterbewußtsein, Seele – Vom Menschlichen zum Geistigen; Wiederholung der Aufgaben

—

Aus der göttlichen Weisheit sprach unsere Schwester Gabriele zu uns:

Gott zum Gruß, liebe Schwester, lieber Bruder!
Der Friede des Herrn ist mit dir.

Die folgenden Lehren, Lektionen und Aufgaben aus dem Geiste wurden uns am 11.11.1984 von unserem Geistigen Lehrer, Bruder Emanuel, dem Cherub der göttlichen Weisheit, über das Innere Wort der Prophetin des Herrn gegeben.

Der Wille Gottes ist, daß der Innere Weg allen Menschen offenbart wird, damit viele das Heil in sich finden.

Bruder Emanuel
begrüßte am 11.11.1984
die Intensivschüler der Stufe der Ordnung
mit folgenden Worten:

Seid gegrüßt aus den himmlischen Bereichen!
Seid gegrüßt aus dem Leben, das unser aller Leben ist!
Schöpft Hoffnung und Zuversicht!
Werdet stark im Glauben und im Vertrauen!

Bruder Emanuel
sprach weiter:

Durch unzählige Münder ruft euch jeden Augenblick Gott, die allmächtige Kraft.
Gott ruft euch im Innersten der Seele.
Jede Zelle eures Leibes ist eine Offenbarung Gottes.
Gott ruft euch durch Mineralien, Pflanzen und Tiere.
Gott ruft euch durch die Gestirne.
Alles ist erfüllt von Seiner Offenbarung!

Gabriele sprach:

Liebe Schwester, lieber Bruder!

Die wir einen kleinen Schritt auf dem Pfad nach Innen getan haben, durften erfahren: Wer zu diesem großen, allumfassenden Bewußtsein, Gott, hineinwandert, der fühlt sich wahrlich als Kind des universellen Geistes, als kosmisches Kind. Obwohl wir Menschen noch die Erdenschwere verspüren, weil das materielle Kleid von dieser Erde ist, so ahnen wir – die dem Geist Zustrebenden – doch die Leichtigkeit des Inneren, die Dynamik des allumfassenden Geistes, die Quelle ewiger Liebe.

Der Weg nach Innen ist der Pfad der Liebe zu Gott, unserem ewigen Vater. Ohne Liebe kein Weg zu Gott, denn Gott ist Liebe!

Lieber Bruder, liebe Schwester, so manchem fällt es noch schwer, das Seelengebet zu erfüllen und die Aufgaben aus dem Geiste durchzuführen.

Wir wissen, aller Anfang ist schwer. Solange die Gehirnzellen mit weltlichen Dingen und Geschehnissen, mit wesentlichen und unwesentlichen Gedanken, mit Neid und Feindschaft belastet und unsere Sinne noch nach außen gekehrt sind, werden wir immer wieder von den geistigen Übungen abgelenkt. Außerdem sind unsere Sinne ständigen Reizüberflutungen ausgesetzt, so daß wir nicht sogleich zur inneren Stille und zum tiefen Frieden finden, aus dem das selbstlose Leben, das wahre Ich Bin, das unpersönliche Sein, empordämmert.

Lieber Bruder, liebe Schwester, wir sollten uns von Niederlagen und auch von Meinungen und Vorstellungen unserer Nächsten nicht entmutigen lassen. Werde stark im Glauben und Vertrauen, und werde dir täglich mehr bewußt, daß wir alle kosmische Kinder sind – nicht Kinder dieser Welt!

Solange wir uns immer wieder aufs neue mit unserem Menschen identifizieren und mit den menschlichen Schwächen und mit den menschlichen Neigungen liebäugeln, fühlen wir die Erdenschwere, die wie Blei auf unserem guten Willen und unseren guten Vorsätzen liegt.

Nur die Liebe zu Gott läßt uns zum Überwinder des Menschlichen werden.

Viele fragen uns immer wieder: Was ist Liebe?

Die Liebe ist die schöpferische Kraft, die das reine Leben, die geistigen Formen, hervorbringt und die zeitlichen Formen, das Materielle, belebt. Liebe ist das Band, das alles Reine verbindet.

Wir beginnen, die Liebe, die alles vollkommen schaut, wieder zu entwickeln. Es ist unser geistiges Erbe, das wir wieder annehmen. Die Annahme des geistigen Erbes – es ist die schöpferische, allumfassende Liebe, Gott – vollzieht sich schrittweise.

– Wenn wir einem aufgebrachten Menschen, der uns fälschlicherweise anklagt, sofort vergeben, dann ist dies ein Akt der Liebe.

– Wenn wir von Herzen beten und im Gebet uns Gott anvertrauen und im Vertrauen auf Gott verbleiben, dann ist es ein Akt der Liebe.

– Wenn wir unserem Nächsten selbstlos helfen und nichts erwarten, weder Dank noch ein freundliches Lächeln, dann ist dies ein Akt der Liebe.

– Wenn ich meinen Nächsten nicht verurteile, wenn er wissentlich oder unwissentlich Dinge vollbringt oder Reden führt, die verletzend oder herabwürdigend sind, dann ist es ein Akt der Liebe.

Durch diese und ähnliche Liebebezeugungen treten wir wieder unser Erbe an. Wir wachsen in immer größere geistige Aufgaben hinein, die wir aus Liebe zu Gott erfüllen, ohne Dank und Gegenleistung zu erwarten.

Auf diese Weise werden wir wieder bewußte Söhne und Töchter Gottes, die allmählich aus dem Gesetz von Ursache und Wirkung, aus dem Rad der Wiedergeburt, herausfinden und sich in das Absolute Gesetz stellen; die sodann wieder selbst Offenbarung sind, weil sie wieder göttlich sind.

Solange wir nicht opferbereit an uns arbeiten und den gegensätzlichen Gedanken positive Gedanken entgegensetzen, Gedanken des Verstehens, des Vertrauens und der Liebe, wenn wir uns gehenlassen und in Gedanken die Vergangenheit immer wieder neu aufflammen lassen, dann können wir den Weg der Liebe nicht beschreiten. Wir bleiben Menschen unter Menschen, die sich in der Flut menschlicher Gedanken bewegen.

Beschäftigen wir uns also immer und immer wieder mit ein und denselben Dingen, mit unserer Vergangen-

heit oder mit gegenwärtigen Problemen, auch mit ein und denselben Neigungen, so wird es uns schwerfallen, den Inneren Weg zu beschreiten. Sind wir noch nicht opferbereit, dann ist es noch zu früh mit dem Inneren Weg.

Bruder Emanuel sprach zu uns folgendes:

Liebe Schüler, bekämpft die Neigungen, die menschlichen Empfindungen und niederen Regungen mit der Macht der göttlichen Liebe – doch kasteit euch nicht!

Er sprach weiter:

Auf dem Pfad zum Inneren Leben lehre ich euch die Sinnes-, Herzens- und Seelenlehre: Die menschlichen Sinne müssen sich mehr und mehr verfeinern, auf daß sich die Seele reinigen kann und der innere Adel, der Adel der Seele, zum Durchbruch kommt. Ohne die Verfeinerung der menschlichen Sinne gelingt keine Ausrichtung auf das Geistige, das Göttliche, denn die Sinne der Menschen sind wie Antennen. Sind sie nach außen gekehrt, so nehmen sie die äußeren Eindrücke wahr, menschliche Gedanken und Kräfte aus Energiefeldern und vieles mehr.

Sind die Sinne des Menschen verfeinert, dann verbinden sie sich mit den Seelensinnen und bilden die Antennen, die sodann auf den Wesenskern der Seele, auf das Göttliche, ausgerichtet sind.

Der Erlöserfunke im Menschen brennt nur dann hell, wenn der Mensch durch Veredelung der Sinne, durch reines Fühlen, Denken, Reden und Wollen den Ballast des niederen Ichs Christus zur Umwandlung übergibt.

Unsere Schwester Gabriele:

Lieber Bruder, liebe Schwester, wir müssen also dem niederen Ich den Kampf ansagen, damit das Innere Leben, unser wahres Sein, zum Durchbruch gelangt.

Erwacht sodann die Seele mehr und mehr im Geiste Gottes, dann strebt sie die innere Disziplin an, die Selbstlosigkeit, das unpersönliche Leben.

Ist die Seele im Geiste Gottes erwacht, sehnen sich Seele und Mensch nach Gott, nach Seiner Liebe, dann werden wir auch den Pfad der Liebe, den Weg nach Innen, freudig wandeln.

Bruder Emanuel sprach:

So mancher unter euch muß noch die Seele erwekken, damit sie sich ihrer göttlichen Herkunft und Kindschaft bewußt wird und die geistige Disziplin anstrebt, um den Willen des Herrn zu erfüllen. Deshalb fühlt der eine Schüler den Weg als Befreiung, der andere wieder glaubt, er sei zu schwer. Entsprechend eurem Bewußtsein, eurer Seelenreife, empfindet und denkt ihr.

Bruder Emanuel sprach weiter:

Liebe Schüler, wir beginnen bei der Sinneslehre.

Um den inneren Sinnen gerecht zu werden, den Sinnen der Seele, müssen die äußeren Sinne gehorchen. Die vorhergehende Schulung begann mit der Augenlehre. Ich gab euch einfache Übungen, wie zum Beispiel die Betrachtung eines Nadelbaumes oder einer Pflanze.

Die Übungen haben gezeigt, daß das Unterbewußtsein oder die Seelenhüllen oder gar das derzeitig erschlossene Bewußtsein wieder ganz andere Eindrücke vermitteln als die äußere Betrachtung, die Betrachtung mit dem Verstand. Der Verstand registriert das Äußere, das Materielle; das Unterbewußtsein oder die Seelenhüllen oder gar das derzeitig erschlossene Bewußtsein können sich dem Verstand entgegengesetzt äußern.

Das Unterbewußtsein, die Seelenhüllen oder das erschlossene Bewußtsein zeigen, wie oder wer der Mensch tatsächlich ist.

Bruder Emanuel fuhr fort:

Liebe Schüler! Sowohl im Unterbewußtsein als auch in den Seelenhüllen befinden sich die Entsprechungen – all das, was sich Seele und Mensch im Laufe der Erdenwanderungen auferlegt haben.

Die Entsprechungen teilen sich dem Oberbewußtsein mit. Sie prägen auch den Menschen. Wie der Mensch empfindet, denkt, spricht und handelt, das ist er.

Die Entsprechungen, die größere und kleinere Belastungen der Seele und Belastungen des Unterbewußtseins sind, zeichnen den Menschen. Wie der Mensch spricht, was er denkt, seine Körperstruktur, sein Körperrhythmus, seine Bewegungen, das alles in allem ist das Bild seiner Entsprechungen. Da alles auf Strahlung beruht, strahlen auch die Entsprechungen und zeichnen den Charakter des Menschen.

Bruder Emanuel lehrte:

Der Schüler sollte also auf seine Entsprechungen achten, nicht auf seinen Verstand. Solange der Mensch nicht in Einklang mit dem Göttlichen ist, spricht er oftmals anders, als er denkt, und er denkt wiederum anders, als er empfindet.

Um zur tiefen Selbsterkenntnis zu gelangen, bedarf es der Ehrlichkeit zu sich selbst. Das Innenleben, die Entsprechungen, müssen emportauchen. Sie müssen euch bewußt werden, damit ihr euch wahrlich selbst erkennt.

Der Verstand sagt dem Schüler, dem Wanderer auf dem Weg nach Innen, nicht immer, was noch in ihm liegt und sein derzeitiges Wesen prägt. Der Verstand betrügt sich selbst, indem er die Entsprechungen unbeachtet läßt oder sie verdrängt. Der Verstand produziert Bilder, die menschlich und daher diesseitsbezogen sind. Er produziert Bilder, wie der Mensch gerne sein möchte, jedoch nicht ist.

Liebe Schüler, lernt, euch im Inneren zu erkennen, eure Entsprechungen zu erfassen und zu analysieren; dann gelangt ihr allmählich auf den Grund eurer Probleme und Schwierigkeiten.

Durch die Übungen, die ich euch übermittle, nämlich die Naturreiche, das heißt die Essenz des Lebens in den Naturformen, in euch aufzunehmen, versuche ich, euch eine kleine Ahnung des Einheitsbewußtseins zu vermitteln; die Verwandtschaft zu allen Dingen.

Alles, was ihr betrachtet, alles, was ihr seht, ist als Essenz in euch!

Hierzu Gabriele:

Lieber Bruder, liebe Schwester, uns ist also von Bruder Emanuel geboten, die Kräfte des Inneren zu entwickeln, so daß sich die äußeren und inneren Sinne allmählich verfeinern, und wir – Seele und Mensch – zu dem großen Strom finden, aus dem wir alle sind.

Bruder Emanuel setzte die Aufgaben
der Augenlehre fort:

Nun betrachtet ihr mit den äußeren Sinnen, mit eurem Verstand, Mineralien und Steine. Dabei versucht ihr, die Gedankenleere anzustreben, das heißt, ihr bemüht euch, an nichts zu denken, euch leer zu machen für die folgende Aufgabe:

Lenkt nun den Sehsinn zu Mineralien und Steinen! Habt ihr das äußere Bild erfaßt, dann schließt die Augen und nehmt das Bild mit nach innen. Bemüht euch, die Gedankenleere beizubehalten! Wartet einige Augenblicke, bis das Bild im Inneren wirksam wird und euch übermittelt, was die Entsprechungen signalisieren.

Wer diese Aufgabe aus dem Geiste gewissenhaft erfüllt, der wird sehr bald erkennen, daß die äußeren Sinne etwas ganz anderes widerspiegeln als die Entsprechungen im Unterbewußtsein oder in den Seelenhüllen oder gar im derzeitig erschlossenen Bewußtsein.

Nach jeder Übung notiert folgendes: Was die äußeren Sinne euch widerspiegeln, das notiert auf die linke Seite eures Mystischen Tagebuches. Was euch das Innere, die Entsprechungen oder gar das derzeit erschlossene Bewußtsein mitteilen, das notiert auf die rechte Seite eures Mystischen Tagebuches.

Unsere Schwester führte aus:

Lieber Bruder, liebe Schwester, im Laufe der geistigen Übungen werden wir erkennen, daß auf der rechten Seite nicht unbedingt Positives stehen muß. Das innere Bild, die Entsprechungen, können uns etwas ganz anderes übermitteln, als es der Verstand tat. Der Verstand, der Mensch also, kann sogar in der Betrachtung Gottes Allmacht loben und preisen und die Naturreiche als göttlich bejahen. Die Entsprechungen in uns können gerade das Gegenteil widerspiegeln!

Wir dürfen also erkennen, daß der Verstand, der Mensch, sich oftmals täuscht. Wir täuschen uns oftmals, wissentlich und unwissentlich. Das Innere jedoch, die Entsprechungen, sagen uns weit mehr. Sie zeigen, wer wir tatsächlich sind.

Um diese geistigen Übungen erfolgreich zu machen, müssen wir zu uns selbst gerecht sein und uns bemühen, in den Augenblicken, in den Minuten der Übung die Gedankenleere anzustreben: Wir denken nicht – wir vollziehen die Übung.

Ich darf wiederholen: Diese Übung kannst du jedoch nur dann gezielt durchführen und dich darin selbst erkennen, wenn du zu dir selbst ehrlich bist; wenn du die emporsteigenden Entsprechungen nicht mit deinem Verstand übertönst durch Entschuldigungen und Selbstrechtfertigungen.

Lieber Bruder, liebe Schwester, diese Übungen kannst du einige Male am Tag durchführen. Du lernst dich dadurch selbst kennen, wer du tatsächlich bist. Es wird dir bewußt, was menschlich an dir ist und was an Geistigem, Selbstlosem vorhanden ist. Durch die Selbsterkenntnis wird dir die Möglichkeit gegeben, das Erkannte, das Menschliche, allmählich abzubauen durch die Hilfe des Christusgeistes in dir.

Unser Geistiger Lehrer
offenbarte:

Damit du dich auch in allen Elementarbereichen kennenlernst und mit der Zeit selbst in Erfahrung bringst, daß die Essenz aller Lebensformen in dir ist und du ein Teil der Unendlichkeit bist, mußt du dich selbst erkennen und erfahren, was noch an Begrenzung, an Menschlichem, in dir liegt, das die Distanz zum Einheitsbewußtsein und Allbewußtsein schafft.

Das Einheitsbewußtsein ist die Einheit mit den Naturreichen, mit allen Menschen, Wesen und Dingen. Das Allbewußtsein ist das Leben aus dem Geiste Gottes.

Gabriele:

Bruder Emanuel gab uns eine weitere Übung, damit wir uns in allen Einzelheiten, auch in den Kräften der Elementarbereiche erkennen. Wir betrachten Tiere, sowohl unsere Lieblingstiere wie auch die Tiere, denen wir noch ablehnend gegenüberstehen.

Diese Übung gleicht wieder der ersten: Wir nehmen mit unserem Sehorgan wieder das äußere Bild wahr, so, wie es uns Bruder Emanuel gelehrt hat. Das äußere Bild wird also vom Gehirn, von unserem Verstand registriert.

Dann schließen wir die Augen und nehmen das Bild mit nach innen. Wir lassen also die äußeren Eindrücke im Inneren wirksam werden. In uns steigen entweder die Entsprechungen empor oder Impulse aus dem reinen Sein. Beides zeigt uns, wer wir wahrlich sind. Was uns beide Bilder sagen, tragen wir wieder in das Mystische Tagebuch ein: Was uns das äußere Bild übermittelt, auf die linke Seite; was uns das Innere sagt, auf die rechte.

Lieber Bruder, liebe Schwester, du erhältst nun eine weitere Aufgabe, damit du dich immer tiefer kennenlernst und ein zartes Ahnen erhältst, was Einheitsbewußtsein bedeutet:

Du nimmst nun die Naturreiche, den Gesamteindruck der sich dir darbietenden äußeren Lebensformen auf. Du nimmst also nicht die einzelnen Komponenten der Naturreiche wahr, wie zum Beispiel einen Stein oder eine Pflanze oder ein Tier, sondern die Natur, alles, was in der Natur lebt, als Gesamteindruck.

Zuerst wiederum den äußeren Eindruck, das äußere Bild. Dann nimmst du den Gesamteindruck mit nach innen. Du wartest einige Augenblicke, bis die Entsprechungen oder die Bewußtseinsäußerungen emporsteigen und dir übermitteln, was dir das Innere zu sagen hat.

Was dir sowohl im Äußeren wie auch im Inneren an Empfindungen und Gedanken offenbar wird, das bringe wieder zu Papier. Sowohl die äußeren Eindrücke wie auch die inneren, die Empfindungen und Gedanken, die dabei entstehen, nimm wieder in dein Mystisches Tagebuch auf.

Bruder Emanuel sprach zu uns:

Mit diesen Übungen möchte ich euch einen kleinen Teil des Einheitsbewußtseins vermitteln. Außerdem lernt ihr dabei, euer niederes Ich zu erkennen, das in den tieferen Schichten liegt, in eurem Unterbewußtsein und in den Seelenhüllen. Ihr bringt aber auch in Erfahrung, wie weit es mit der selbstlosen Liebe bestellt ist. Die Betrachtung des äußeren und inneren Bildes bringt die entsprechenden Empfindungen und Gedanken empor, in denen sich der Schüler, der Wanderer auf dem Weg zu Gott, erkennen kann.

Bruder Emanuel sprach:

Über die Sinneslehre findet ihr zur Herzenslehre. Durch diese Schulung werdet ihr sehr bald erkennen, daß jede gegensätzliche Empfindung, jeder unlautere Gedanke und jede gegensätzliche Handlung sich gegen euch selbst richtet.

Der wache, auf Gott ausgerichtete Schüler wird sodann nicht mehr verwünschen und verdammen. Er wird gegen seinen Nächsten keine gegensätzlichen Gedanken mehr hegen. Seine Worte werden edel und rein sein, denn er weiß: Was von ihm ausgeht, das fällt wieder auf ihn zurück.

Der bewußte Wanderer auf dem Pfad zu Gott verspürt, daß in allem Sein das Leben, Gott, ist. Er weiß: was er dem Leben antut, das fügt er letzten Endes sich selbst zu. Wer sich selbst bezwingt und auf dem Pfad zu Gott vorwärtskommen möchte, der wird sich bemühen, in seinem Nächsten das Gute zu sehen und auch zu bejahen; es ist die selbstlose Kraft, das Leben der Unendlichkeit. Das Reine und Schöne im Nächsten, das Leben, Gott, ist in jedem Menschen, auch in dem, der noch von seinem Ich gezeichnet ist – und der unbewußt sein Ich verrät durch seine Worte, Gesten und

Handlungen. Richtet also nicht, denn dadurch werdet ihr selbst euer eigener Richter.

Der wahre Gott Zustrebende wird sich täglich bemühen, seinem Nächsten mit dem Herzen und nicht mit dem Verstand zu begegnen. Denn: Der Verstand qualifiziert den Menschen ab und sieht ihn so, wie der Nächste denkt und spricht. Das Herz jedoch ist eine Empfindungsgabe, die tiefer blicken läßt, die den Menschen annimmt, ihn versteht und ihm Verständnis entgegenbringt; es ist die Vorstufe zur selbstlosen Liebe.

Gabriele
machte uns bewußt:

Lieber Bruder, liebe Schwester, durch die Selbsterkenntnis, zu der uns Bruder Emanuel führen möchte – die in vielen Fällen dem Unbewußten, den Entsprechungen entströmt, die uns zeigen, wer wir tatsächlich sind –, werden wir gegenüber unserem Nächsten mitfühlender, verständnisvoller, denn wir erkennen: Was uns am Nächsten erregt, das liegt noch in uns selbst.

Wir erkennen also, daß wir nicht makellos sind, sondern mit gleichen oder ähnlichen Fehlern behaftet wie unser Nächster. Das macht uns verständnisvoll. Aus dem Verständnis erwacht dann die Liebe zu Gott, die uns vollkommen sieht, die uns nicht straft und züchtigt, sondern uns den Weg zurück ins Vaterhaus lehrt.

Wer sich allmählich selbst erkennt und mit sich selbst ringt, um von dem Persönlichkeitsdenken, von dem niederen Ich, Befreiung zu finden, der wird auch großes Verständnis für seinen Nächsten erlangen, der letzten Endes auch auf dem Weg zum Leben ringt. Einerlei, auf welcher Stufe sich unser Nächster befindet, und einerlei, ob er noch mit dieser Welt ist: Durch die Selbsterkenntnis, durch das Ringen mit sich selbst um Befreiung von seinem niederen Ich wird er das Herzensgefühl erwecken, die wahre Empfindung für seine Mitmenschen und für alles Sein. Aufgrund der Selbsterfahrung und Selbsterkenntnis besteht sodann die Möglichkeit, die Bergpredigt richtig zu verstehen und sie auch im Alltag zu verwirklichen.

Bruder Emanuel gab uns
einen wesentlichen Hinweis mit auf den Weg.
Er sprach:

Auf der Stufe der Ordnung hört ihr immer wieder: „Ordne deine Gedanken! Zügle deine Rede! Meistere deine Sinne!“ Woher kommen die Gedanken?

Gabriele:

Wir gehen nun den Gedanken nach und kommen letzten Endes zu der Überzeugung, daß viele Gedanken unseren Empfindungen entströmen. Wir gehen einen weiteren Schritt zurück und erkennen, daß viele Empfindungen aus den Belastungen – den Entsprechungen der Seele und des Unterbewußtseins – emporsteigen.

Es bestehen auch in der Seele Erinnerungen an Dinge und Geschehnisse, welche Seele und Mensch einst belastet haben. Es waren also Entsprechungen, die nun abgegolten und gesühnt sind. Sie bleiben in der Seele als Erinnerungen. Aber auch äußere freudige und schmerzhafte Eindrücke können sich als Erinnerungen in der Seele einprägen. Das waren keine Belastungen, sondern eindrucksvolle oder einprägsame Geschehnisse oder Begebenheiten.

Wir sollten also die feinen Unterschiede zwischen Erinnerungen und Entsprechungen kennenlernen:

Steigen Gedanken oder Bilder aus den Erinnerungen auf, so dienen sie uns, unseren Nächsten zu verstehen oder eine Situation richtig zu erkennen und sie auch anzunehmen. Wir erregen uns dabei nicht, sondern stehen über der augenblicklichen Situation und Lage. Wir sehen klar und können sie in rechter Weise angehen, so daß es keine Belastung wird.

Reagieren wir jedoch aus unseren Entsprechungen, dann sind wir erregt, eventuell gar aufgeregt und aufgebracht. Wir beherrschen nicht die Situation und Lage, sondern denken und sprechen daran vorbei. Ähnlich handeln wir sodann auch.

Bruder Emanuel
gab uns einen weiteren Hinweis. Er sprach:

Liebe Schüler! Je sensitiver ihr durch die Erfüllung des Seelengebetes und der Aufgaben werdet, um so leichter ist es euch möglich, einen positiven und negativen Gedanken zu erkennen. Habt ihr eine gewisse

Sensitivität erreicht, dann werdet ihr euch mit der Analyse der Gedanken nicht mehr zufriedengeben. Ihr werdet in vielen Fällen mehr auf eure Empfindungen achten, woher diese kommen.

Gabriele:

Liebe Schwester, lieber Bruder, Geschwister fragen uns immer wieder, ob es richtig sei, daß der Mensch sich so viel mit sich selbst beschäftigt.

Wenn wir die ersten Schritte auf dem Weg nach Innen vollziehen, ist das gut, um uns selbst zu erkennen. Wir müssen zuerst von außen nach innen wandern; wir müssen das Äußere, das Menschliche, die harte Schale, erweichen, das heißt das Gegensätzliche übergeben – und dadurch das Innere, das Edle, Reine und Schöne freilegen, so daß es von innen nach außen wachsen kann.

Auf dem Weg nach Innen sollten wir jedoch nicht jedem Gedankenvagabunden nachgehen, um zu analysieren, woher er kommt. Im Laufe unseres irdischen Lebens fliegen uns unzählige Gedanken an. Es sind Vagabunden, Gedanken, die von Menschen ausgesandt wurden und in der Atmosphäre umherschwirren und sich ein Opfer suchen, wo sie sich einnisten und vermehren können.

Solchen Gedankenvagabunden gehen wir nicht nach; wir schenken ihnen keine Aufmerksamkeit. Wir erkennen diese Flugobjekte daran, daß sie uns nur kurz in den Sinn kommen, dann jedoch wieder verschwinden. Sie erregen uns nicht. Entscheidend ist, daß sie uns nicht erregen. Sobald wir jedoch öfter daran denken und uns dabei erregen, liegt in uns Gleiches oder Ähnliches vor. Dann werden wir es analysieren, sofern diese Gedanken verstärkt auf uns einwirken und uns quälen.

Haben wir auf dem Inneren Weg die dritte Stufe erfolgreich erreicht, dann werden wir im Alltag mehr mit Gott verbunden sein. Das, was wir verwirklicht haben, fließt sodann als erfüllte Kraft, als erfülltes Leben aus uns heraus. Unsere Sinne haben sich nach innen gewandt. Wir sind feiner, edler und reiner geworden. Wir werden allmählich selbstlos tätig. Das heißt, wir werden zu Menschen des Geistes, die immer mehr von innen nach außen leben und so zu selbstlosen Dienern der Menschheit werden. Wir erwarten sodann von unserem Nächsten kein Lob und keine Anerkennung mehr. Wir bemühen uns, nach dem Gesetz zu leben, zu beten und zu arbeiten und lassen auf dem weiteren Weg unsere Tätigkeit zum Gebet werden.

Wenn wir jedoch den Inneren Weg beginnen, dann müssen wir uns zuerst in unser Inneres hineinarbeiten, das Innere freilegen, so daß es daraufhin von innen nach außen wachsen kann.

Bruder Emanuel gab weitere Aufgaben.
Er sprach:

Beobachtet die immer wiederkehrenden Gedanken! Bewegt euch ein Gedanke oder gar ein Gedankenkomplex immer und immer wieder, so fragt, woher sie kommen!

Durch diese Übung gelangt ihr zu euren Empfindungen, die auch nur Regungen sein können. Diesen immer wiederkehrenden Empfindungen, Gedanken und Regungen, die euch belasten, soll nachgegangen werden. Das heißt, sie sollen analysiert werden: woher sie kommen, wo die Ursachen dieser störenden Einflüsse liegen.

Die Störenfriede, die menschlichen Empfindungen, Gedanken und Regungen sind oftmals Komponenten, die sich der Mensch in diesem Leben selbst geschaffen hat. Sie treten insbesondere bei den geistigen Übungen auf, weil durch die Übungen das Menschliche verstärkt in Bewegung kommt. Wünsche, Ereignisse und Vorstellungen dämmern also durch die Übungen wieder empor. Es ist das Unbewältigte, das im Unterbewußten und in den Seelenhüllen liegt.

Was euch also an Gedanken nur anfliegt, das übergebt! Laßt es los, und laßt es in Christus, im Geist der Erlösung, die Umwandlung erfahren. Was euch jedoch ständig bewegt, ja sogar beeinflußt und niederdrückt, das sollte analysiert werden.

Viele Menschen holen immer wieder herbei, was schon längst vergangen ist. Sie bewegen es Stunden und Tage und verstärken so die Entsprechung in ihrem Unterbewußtsein und in ihren Seelenhüllen.

Ich bitte euch, das Vergangene, so weit es möglich ist, ruhen zu lassen, damit es nach und nach vertrocknet.

Dämmern trotz aller Bemühungen, die Vergangenheit ruhen zu lassen, Ereignisse aus diesem Leben empor, kommen sie also immer und immer wieder, dann sollt ihr diesen Empfindungen nachgehen und sie analysieren. Wer in seiner Vergangenheit lebt, kann das, was tagtäglich auf ihn zukommt, nicht meistern. Er wird sodann über sein Leben nicht die Meisterschaft erlangen. Er unterliegt seinem menschlichen Ich.

Gabriele sprach zu uns:

Was kann die Analyse über das Vergangene, das wir immer wieder in die Gegenwart nehmen und bewegen, sagen? Sie sagt uns eventuell, daß wir unserem Nächsten, der uns in der Vergangenheit Schwierigkeiten bereitet hat, noch nicht vergeben haben. Um also diese Aspekte aus der Vergangenheit bewältigen zu können, sollten wir vergeben – oder, wenn es notwendig ist, um Vergebung bitten.

Denn: Schuld ist sehr selten nur einseitig. Meist hat auch der stärker Betroffene zumindest in Gedanken ebenfalls gegen seinen Nächsten gehandelt. Gedanken sind Kräfte. Auch negative Gedanken schaffen Schuld.

In der Vergangenheit wurden wir zum Beispiel vom Mitmenschen schlecht behandelt. Ein äußeres Bild, ein äußerer Impuls regt die innere Empfindungswelt an. Die Eindrücke aus der Vergangenheit kommen wieder zum Vorschein; die Vergangenheit lebt auf. Wenn wir nicht in der Disziplin und Selbstkontrolle leben, dann bewegen wir das Vergangene Stunden und Tage. Da-

durch erweitern wir die Entsprechungen, sowohl im Unterbewußtsein als auch in den Seelenhüllen.

Bruder Emanuel stellte uns folgende Frage
und wies auf unsere Vergangenheit hin:

Der wache Schüler stellt sich immer wieder selbst die Frage: Weshalb denke ich immer noch an die vergangenen Geschehnisse und Ereignisse? Was habe ich nicht überwunden? Was will mir die Vergangenheit sagen?

Wer die Vergangenheit nicht überwunden hat, kann die Gegenwart nicht meistern.

Gabriele:

Die Empfindungen sagen uns also mehr als unsere Gedanken: Sie sagen dem ernsthaften Wanderer auf dem Pfad nach Innen, woran es ihm noch mangelt. Unsere Entsprechungen und Empfindungen sagen uns, wer wir tatsächlich sind. Haben wir uns erkannt, dann sollten wir handeln, indem wir das Gegensätzliche, unser Menschliches, bekämpfen.

Haben wir unserem Nächsten Unrecht getan, dann sollten wir die Angelegenheit bereinigen, um Vergebung bitten und den Schaden wieder gutmachen, den wir unserem Nächsten zugefügt haben, damit wir auf dem Weg zum Leben voranschreiten können.

Wir werden auf dem Weg nach Innen immer wieder die Erfahrung machen, daß es in der ganzen Unendlichkeit keine Zufälle gibt. Solange wir bewußtseinsmäßig in den vier Reinigungsbereichen leben, leben wir im Kausalgesetz, im Gesetz von Ursache und Wirkung. Wenn wir das Kausalgesetz anerkennen, dann verstehen wir auch, daß jede Wirkung letzten Endes in diesem Leben oder in früheren Erdenleben ihre Ursache hatte.

In seiner Offenbarung ermahnte uns
Bruder Emanuel:

Liebe Schüler, schult also eure Empfindungen! Lernt, euch immer tiefer zu erkennen! Durch Selbsterkenntnis und Verwirklichung werdet ihr sodann - nach und nach - frei von all dem, was euch heute noch beschäftigt. Dann findet ihr immer tiefer zu dem ewigen Bewußtsein, Gott.

Durch gezielte Übungen werdet ihr immer tiefere Schichten eures menschlichen Ichs ansprechen, so daß ihr frei von eurem Ich werdet und in das allumfassende Ich Bin eingehen könnt, in das Absolute Gesetz.

Unsere Schwester sprach zu uns:

Bruder Emanuel ermahnte uns auch, nicht lau zu werden, immer wieder die Übungen zu wiederholen, so daß es uns immer leichter fällt, gesetzmäßig zu leben. Auch den Körperrhythmus sollten wir beachten und unsere Bewegungen und Gesten.

Damit wir unseren eigenen Körperrhythmus erkennen und testen können, gab uns Bruder Emanuel weitere Aufgaben. Wir kommen jetzt von der Augenlehre zur Gehörlehre:

Der nach außen gekehrte Gehörsinn nimmt bewußt und unbewußt laute, disharmonische Töne wahr. Wir wollen unseren Gehörsinn schulen, so daß die äußeren Geräusche nicht mehr in unser Inneres dringen, daß wir abschalten können, um immer öfter und länger in unserem Inneren zu ruhen.

Wir arbeiten uns von außen nach innen, um sodann von innen nach außen zu leben.

Die Aufgabe, die uns Bruder Emanuel gab, lautete also:

Lieber Bruder, liebe Schwester! Du nimmst nun bewußt die lauten Geräusche wahr. Sie dringen in dein Inneres. Sie wirken auf dein Nervensystem ein und regen die Gedankenaktion an. Die Gedanken wirken wiederum auf das Nervensystem ein. Im Äußeren zeigen sich die inneren Veränderungen durch entsprechende Bewegungen, Gesten und Redeweisen an. Die äußeren Töne also, die in unser Inneres schwingen und unsere Gedankenwelt und unser Nervensystem beeinflussen, machen sich im Äußeren, im Körperrhythmus, bemerkbar.

Lieber Bruder, liebe Schwester, teste also, wie die äußeren, disharmonischen Töne auf dein Inneres wirken. Beachte die Regungen und Bewegungen deines

Körpers. Die Erfahrung, die du dabei machst, halte in deinem Mystischen Tagebuch fest. Notiere die Erkenntnisse auf der linken Seite deines Mystischen Buches.

Die weitere Aufgabe lautet: Nimm nun harmonische Töne in dein Inneres – harmonische Musik oder das harmonische Gezwitscher bestimmter Vogelarten, freundliche und liebe Worte deiner Mitmenschen –, und laß diese harmonischen Töne in dir nachschwingen. Das Echo zeigt sich wieder in deinem Körper. Beobachte nun deinen Körperrhythmus, deine Bewegungen, deine Gedanken und Worte. Was du nun erlebst und beobachtest, das notiere auf der rechten Seite deines Mystischen Tagebuches.

Unsere Schwester Gabriele erklärte uns:

Liebes Geschwister, du sollst also selbst die Harmonien und Disharmonien erfahren, wie gegensätzliche und positive Gedanken sich in deinem Inneren auswirken und sich im Äußeren zeigen. Gerade der Körperrhythmus ist sehr wesentlich, um uns zu erkennen und uns zu harmonisieren.

Aus der Offenbarung
von Bruder Emanuel:

Harmonische Gedanken bewirken einen harmonischen Körperrhythmus; der Mensch ist ausgewogen, er kann klar und konzentriert denken. Disharmonische Gedanken jedoch – Gedanken der Ichbezogenheit, der Selbstsucht, des Hasses und des Neides, Gedanken, die nur um die eigenen Belange kreisen – verändern nicht nur die Aura, die Korona, die deinen Körper zeichnet und ihn als Energiekranz umgibt, sondern sie zeigen sich auch im veränderten Körperrhythmus an.

Beobachte also, wie sich dein Körperrhythmus verändert, wenn du zum Beispiel schneller schreibst oder dich heftig am Arm oder Bein kratzt, wenn du laut rufst oder wenn du heftig reagierst, weil dein Kind zum Beispiel mit schmutzigen Schuhen die Wohnung betritt, oder wenn du hastig den Fußboden säuberst oder Wäsche mit schnellen Bewegungen wäschst ...

Hast ist Disharmonie. Dynamik ist rhythmisch.

Hastiges Handeln löst eckige und zackige Bewegungen aus. Leistungssport oder hastiges Laufen verändern den Körperrhythmus: Der Mensch wird hektisch.

Jede Hektik, die einen disharmonischen Körperrhythmus auslöst, bewirkt eine verstärkte Gedankenaktion. Werden die Gedanken nicht erkannt und entsprechend behandelt – das heißt übergeben und in positive, verständnisvolle Kräfte umgewandelt –, dann können daraus neue Ursachen entstehen.

Auch hastiges Essen und Trinken verändern den Körperrhythmus. Jede Hastigkeit deutet auf gegensätzliche Empfindungen oder Gedanken hin.

Gabriele:

Beachten wir diese Erscheinungen an uns nicht, dann können vielfältige Ursachen die Folge sein. Wir schaffen Ursachen oder verstärken die in uns wirken-

den Entsprechungen, die sodann ihre Wirkungen zeigen.

Stoßen wir uns am Tisch oder an einem Stuhlbein, so sollten wir die Reaktion unseres Körpers beachten und die daraufhin erfolgenden Gedanken: Was wir in dieser Situation denken, das ist noch in uns. Wir sollten uns aber auch fragen: Was ist die Ursache, daß ich mich am Tisch oder am Stuhlbein gestoßen habe? Welche Gedanken, Worte oder Handlungen gingen voraus?

All diese Übungen regen uns zur Selbsterkenntnis an: Wir erfahren, wer wir tatsächlich sind.

Bruder Emanuel
erklärte uns den Sinn dieser Übungen:

Liebe Schüler, in eurem Inneren muß alles in Bewegung kommen, was gegensätzlich ist, damit sich das in euch liegende Menschliche, die Entsprechungen, nach außen kehrt. Auf diese Weise findet ihr zur tiefen Selbsterkenntnis. Dann findet ihr die Wurzel eures niederen Ichs.

Wer sich allmählich besiegt, für denjenigen tut sich eine wunderbare Welt auf. Er erkennt sich als kosmisches Kind und fühlt sich im kosmischen Leben frei, ungebunden, ohne Furcht. Denn er erkennt: Wenn er positiv lebt, kann nur Positives auf ihn zukommen. Das, was noch negativ ist, wird ausfließen, doch ihn nicht hindern, das Leben mit Gott weiter und inniger anzustreben.

Wer den Inneren Weg erfolgreich wandelt, wird sehr bald erkennen: Es ist für den Menschen wunderbar, im freien Geiste, im Geiste Christi, zu leben. Es ist für den Menschen wunderbar, dessen Herz spricht und dessen Verstand nur noch das Instrument des Herzens und – in der weiteren Entwicklung – das Instrument der gereinigten Seele ist.

Liebe Schüler, global gesprochen, ist das der Weg nach Innen zur absoluten Liebe. Es ist der Pfad der Liebe.

Bruder Emanuel stellte an uns eine Frage,
die wir uns selbst beantworten sollen:

Wie weit ist in eurem Herzen die Liebe zu Gott entwickelt, die selbstlose Liebe, die alles eint, die den Menschen frei macht? Je größer die Liebe zu Gott ist, um so reiner sind eure Empfindungen, Gedanken und Worte.

Bruder Emanuel gab uns dazu
ein Kriterium an die Hand, mit welchem
wir uns selbst prüfen können, wie wir empfinden,
denken und reden:

Welche Neigungen sind euch noch eigen? Entsprechend ist eure Liebe. So groß oder klein ist die Liebe zu Gott. Je edler der Mensch empfindet, denkt und spricht, um so freier ist er, um so größer ist seine Liebe.

Das Innere also prägt das Äußere. Eure Handlungen, eure Gesten, euer äußeres Erscheinungsbild verändert sich entsprechend eurer inneren Entwicklung. Die innere Harmonie drückt sich im Äußeren aus, in Farben und Formen, in der Gestik, in euren Bewegungen, in allem, was ihr tut. Das gleiche gilt für die Disharmonie.

Wer den Weg ernsthaft geht, der läßt allmählich seine Maske fallen, das Individuelle, und gibt sich so, wie er augenblicklich ist. Wer also den Inneren Weg erfolgreich wandelt, der reinigt seine Seele und sein Unterbewußtsein, so daß seine Empfindungen und seine Gedanken seine Worte sind.

Bruder Emanuel erklärte uns:

Das Individuelle ist das Persönliche, ist das Menschliche, ist das Maskenhafte - das, was sich hinter der Maske verbirgt. Wer die Maske fallen läßt, der hat wahrlich einen großen Fortschritt auf dem Pfad der Liebe getan.

Das Individuum, das Ichbezogene, ist das Menschliche, das Persönliche. Der unpersönliche Mensch ist das göttliche Wesen im Erdenkleid, das göttlich empfindet und denkt. Das Individuum arbeitet mit dem, was es sich im Äußeren anerzogen hat, mit seinem Intellekt. Der göttliche, freie Mensch, das unpersönliche Wesen, arbeitet mit dem erschlossenen Bewußtsein. Entsprechend seiner Mentalität und seinen geistigen Eigenschaften wirkt und lebt es in dieser Welt.

Der Mensch gibt nichts auf, wenn er das Individuelle abstreift. Ganz im Gegenteil! Er empfängt wesentlich mehr, nämlich die göttliche Weisheit.

Individuen haben nur Wissen, doch selten Weisheit. Geistige Menschen haben Wissen und Weisheit.

Die Mentalität eures wahren Wesens soll zum Durchbruch kommen, damit sich das Innere im Äußeren widerspiegelt.

Unsere Schwester Gabriele
wandte sich erneut an uns:

Die Aufmunterungen, die Bruder Emanuel 1984 den Intensivschülern gab, darf ich in seinem Namen weitergeben:

Verzagt nicht!

Seid mutig.

Die Freiheit im Geiste Christi winkt. Kommt und laßt euch von der inneren Wahrheit führen und erfüllen!

Euer Bruder aus dem Licht bittet euch: Seid mutig! Opfert das niedere Ich! Wahrlich, unendlich mehr werdet ihr gewinnen.

Gebt das Niedere hin, um im Höchsten leben zu können! Kommt und seid bereit: Reicht euch die Hände und ruft Ihn an, den, der euch die Kraft gibt, um Ihm, unserem Vater, näherzukommen.

Der Himmel neigt sich zur Erde, und die Kräfte des Himmels werden in den Seelen wirksam, die Gott mehr lieben als diese Welt.

Macht euch auf! Christus, euer Erlöser, ist jedem so nahe. Er ist der innere Lauscher. Schenkt Ihm eure Liebe! Legt Ihm alles hin, was euch hindert, selbstlos zu sein! Freut euch und seid glücklich – die Seele hat das Pochen des Herrn vernommen.

Liebe Schüler, meine Freunde, meine Brüder und Schwestern!

Der Segen des Herrn geleitet euch. Seine Liebe umhüllt euch. Seid getrost, der Herr verläßt euch nicht. Seid getrost, die Liebe ist euch so nahe!

Werdet selbstlos. Wollt von euch aus nichts. Laßt in und durch euch den Willen des Herrn geschehen. Dann seid ihr auch beschützt, eingehüllt in Seine große, mächtige Liebe.

Bruder Emanuel verabschiedete sich
mit den Worten:

Gott zum Gruß, meine Freunde!

Gabriele sprach noch zu uns:

Lieber Bruder, liebe Schwester,

nun folgt eine kurze ***Zusammenfassung*** *der offenbarten Lektionen und Anweisungen aus dem Geiste, damit du sie noch einmal vertiefen kannst:*

Auf der Ordnungsstufe wird das Fundament für die weiteren Stufen gelegt. Das Fundament darf nicht auf Sand gebaut werden. Das heißt: Wir sollten die Übungen konsequent und freudig durchführen, so daß wir ein festes Fundament erstellen können für die weiteren Stufen zur Göttlichkeit.

Denken wir an einen Hausbau, so wissen wir sofort, daß zuerst das Fundament erstellt werden muß. Zuerst muß eine entsprechende Tiefe geschaffen werden, damit das Fundament einen Halt bekommt. Es muß also das Erdreich ausgehoben werden. Dann wird das Fundament in das Erdreich, in die Erde gebracht. Ist das Fundament gefestigt, dann entsteht ein Stockwerk nach dem anderen.

Ähnlich ist es bei dem Inneren Weg: Damit wir mit dem Aufbau Inneren Lebens beginnen können, müssen wir erst von außen nach innen graben. Das bedeutet: Wir müssen zuerst vieles aufwühlen, was an Negativem in uns ist, und herausschaffen, was nicht geistig ist, was uns belastet. Durch gezielte Übungen holen wir aus unserem Inneren viel Gegensätzliches heraus. Wir entleeren unser Gefäß.

Das Fundament ist sodann die Veredelung unserer Sinne, die Ausrichtung auf das Göttliche, der Friede und die Stille in uns. Dann erst ist das Fundament gefestigt. Die weiteren Stockwerke können sodann schneller aufgebaut werden, wenn also das Fundament in Ordnung ist. Entspricht es nicht der Bauordnung, dann müssen wir noch einmal am Fundament arbeiten – und zwar so lange, bis es auf festem Grund steht.

Die Stufe der Ordnung zu meistern, ist Schwerarbeit! Ein guter Arbeiter wird auch ein gutes Fundament erstellen. Ein schlechter Arbeiter wird ein schlechtes Fundament errichten. Er wird sehr bald erkennen, daß er auf diesem Fundament sein Haus nicht errichten kann. Wer also an sich arbeitet – aus Liebe zu Gott –, der wird ein gutes Fundament schaffen.

Wer wenig Gottvertrauen, wer keine Gottesliebe hat, der baut ein schlechtes Fundament. Er wird die vom Geiste gegebenen Übungen mangelhaft durchführen und so nicht das Fundament schaffen, das er benötigt, um darauf weitere Stockwerke zu errichten. Ich darf noch einmal die Worte von Bruder Emanuel wiederholen, da sie für den Inneren Weg von Bedeutung sind:

Ohne Liebe kein Weg zu Gott, denn Gott ist Liebe!

Bruder Emanuel gab in dieser Offenbarung die Herzens- und Sinneslehre. Wer noch kein Herz für Gott hat, kann auch die Sinneslehre nicht durchführen, da ihm alle Aufgaben als Kasteiung erscheinen – und nicht als Aufgaben, um sich selbst zu überwinden, um frei zu werden vom intellektuellen Denken, um die innere Weisheit, die göttliche Weisheit zu erlangen. Aller Anfang ist schwer. Doch wer nur eine kleine Liebe zu Gott empfindet, wird bereits zum Überwinder seiner niederen Natur.

Noch besteht die Reizüberflutung der Sinne. Die Sinne lassen so manchen Schüler noch nicht in die

Stille, in den tiefen Frieden finden, aus dem das selbstlose Leben, das wahre Ich Bin, das unpersönliche Sein, sich emporheben möchte.

Bruder Emanuel ermutigt uns immer wieder, stark zu werden und uns als kosmische Kinder zu fühlen, nicht als Kinder dieser Welt. Sagen wir zum Beispiel immer wieder: „Ach, ich bin doch nur ein schwacher und einfältiger Mensch", so stellen wir uns mit der Schwäche des Menschen auf eine Stufe. – Sagen wir jedoch: „Ich bin ein kosmisches Kind", und stellen wir uns die kosmischen Kräfte vor, das Leben aus Sonnen und Planeten – dann ändert sich unser Denken und die Zielrichtung unseres Lebens.

Was wir bejahen, dem verleihen wir Kraft; das halten wir fest. Unseren Menschen wollen wir nicht festhalten. Wir wollen ihn mutig erkennen und freudig überwinden.

Wir sollten unsere menschlichen Empfindungen und Neigungen bekämpfen. Doch wir sollen uns nicht kasteien! Das heißt, wir sollen unsere niederen Neigungen nach und nach abbauen, einerlei was es ist, seien es noch die Reizüberflutungen der Sinne – in der Sinnlichkeit, in der Essenslust, in der Kampfeslust. Wir sollen uns darin selbst erkennen.

Das heißt, wir sollen unser Denken und Empfinden zu Gott erheben, dann werden die menschlichen Regungen und Neigungen feiner werden, was wiederum bedeutet: Wir werden sie nicht verdrängen, sondern verfeinern. Dann wird Stück für Stück von uns abfallen, was menschlich ist, bis wir von innen her alles Irdische lassen können. Wir wollen also nicht verdrängen, sondern allmählich überwinden.

Kasteiung ist Verdrängung. Kasteien wir uns, dann drängen wir etwas zurück. Wir drücken das, was uns beherrscht, in das unreine Gefäß zurück.

Dazu ein Beispiel: Wenn wir in ein mit Wasser gefülltes Gefäß einen Stein fallen lassen oder eine teigartige Masse hineindrücken, dann schwappt das Wasser über, und die Bestandteile im Wasser wirken sodann auf uns ein.

Verdrängen wir also, was zu überwinden wäre, dann drängen wir andere Neigungen heraus aus dem Gefäß. Das heißt: Was wir verdrängt haben, zeigt sich in Nebenzweigen, in Eß- oder Trinklust, in Sinnlichkeit oder Gereiztheit, in Depressionen oder Aggressionen. Auf Grund der Verdrängung verurteilen und richten wir auch. Wir bezeichnen unseren Nächsten als lieblos, weil wir glauben, wir wären besser als der Nächste. Das alles können Folgen der Kasteiung sein.

Haben wir zum Beispiel einen Heißhunger auf Fleisch und Wurst, dann werden wir nicht sagen: „Weil wir auf dem Weg zu Gott sind, dürfen wir kein Fleisch und keine Wurst oder keinen Fisch mehr essen." Wir werden uns mit Gott verbinden, in der Erkenntnis, daß wir kosmische Kinder sind. Wir werden uns sodann harmonisch zu Tisch setzen, in dem Bewußtsein, daß Gott in allem ist. Essen wir mit diesem Bewußtsein Fleisch, Wurst oder Fisch, dann werden sich die Wurst-, Fleisch- oder Fischportionen verringern, da uns die Geistkraft, Gott, hilft, uns allmählich auf gesetzmäßige Nahrung umzustellen.

Das gleiche gilt beim Trinken. Auch hier sollen wir uns nicht kasteien. Harte Getränke sind nicht geistig. Doch auch hier gilt, sich nicht zu kasteien, sondern allmählich abzubauen – langsam zu überwinden, die harten Getränke allmählich zu reduzieren und den Inhalt des Glases zu verringern. Fühlen wir uns während des Essens und Trinkens mit dem Inneren Leben verbunden, sind wir in Harmonie, dann ist es uns auch möglich, die Nahrungsaufnahme, auch die Trinkgewohnheiten zu reduzieren.

Es liegt also einzig an uns, an unserem Denken und Wollen, an unserer Lebenseinstellung, ob wir auf dem Inneren Weg stagnieren oder zielbewußt voranschreiten.

Das gleiche gilt, wenn wir noch allzu sehr am Dogma haften. Wir hören immer wieder von Geschwistern, die noch sehr stark an das Dogma der Kirche gebunden sind: Wir Christen brauchen für unser Heil nicht selbst zu sorgen; Christus hat unsere Sünden hinweggenommen.

Wir wollen logisch darüber nachdenken: Hätte Christus alle Sünden hinweggenommen oder würde Er sie fortan ohne unser Hinzutun hinwegnehmen, dann wären wir makellos, unser ganzes Sinnen, Denken und Trachten wäre selbstlos, also rein. Wären wir rein, dann wäre auch unsere Erde sauber, auch unsere Nahrung und alles, was zum Wohle der Menschheit ist. Da es aber nicht so ist, müssen wir uns fragen, ob diese Aussage der Kirchenchristen stimmt.

Wir wissen: Christus brachte uns die Erlösung. Er ist der Führer ins Vaterhaus. Damit der Führer uns führen kann, müssen wir Ihm gehorchen. Der Gehorsam gegenüber Christus ist die Verwirklichung der ewigen Gesetze. Deshalb müssen wir an uns arbeiten, damit wir die Gesetze verwirklichen und erfüllen und so unserem Führer, Christus, unserem Erlöser, nachfolgen können. Verwirklichen wir die Gesetze, dann vergrößert sich das Erlöserlicht in uns, und wir folgen unserem Erlöser in das ewige Land, zu unserer ewigen Heimat.

Gabriele erinnerte uns:

Wir begannen bei der Augenlehre. Die erste Übung war die Betrachtung eines Nadelbaumes und einer Pflanze. Bei dieser Übung erkannten wir, daß der Verstand etwas ganz anderes widerspiegelt als eventuell das erschlossene Bewußtsein oder das Unterbewußtsein und die Seelenhüllen. Wir haben erkannt, daß der Verstand das Äußere registriert, so wie es üblich ist in dieser Welt. Das Unterbewußtsein oder die Seelenhüllen oder gar das erschlossene Bewußtsein offenbaren sich mitunter dem Verstand entgegengesetzt.

Das Oberbewußtsein ist unser Verstand. Das Oberbewußtsein ist das, was noch in unserer Erinnerung ist, was uns geläufig ist, womit wir tagtäglich arbeiten. Das Unterbewußtsein sind tiefere Schichten des Gehirns, in denen das vom Oberbewußtsein Vergessene liegt, an das wir uns nicht mehr erinnern können, das aber von uns noch nicht überwunden ist. In den Seelenhüllen zeigen sich die Verschattungen unserer Seele. Die Seele und die Seelenhüllen weisen unsere Entsprechungen auf, die Belastungen, also das Karma, unsere Seelenschuld. In der Seele, in den Seelenpartikeln, sind auch die Erinnerungen, das, was wir schon überwunden haben, das uns nicht mehr erregt. Auch die Erinnerungen spiegeln sich also in den Seelenhüllen wider.

Die Entsprechungen, die sich im Unterbewußtsein aufbauen, gelangen in die Seele, wenn wir sie nicht rechtzeitig erkennen und übergeben. Sie werden zu Ursachen, die wir gegebenenfalls früher oder später als Wirkungen tragen müssen.

Die entstehenden Entsprechungen im Unterbewußtsein können zuerst Erinnerungen an Vergangenes sein. Denken wir jedoch über das Vergangene immer wieder nach, ärgern wir uns, setzen wir also neue gegensätzliche Gedanken hinzu, dann werden diese zu Erinnerungen, zu Belastungen, Entsprechungen, die sich in die Seele eingraben und sich in den Seelenhüllen und im physischen Leib widerspiegeln. Dabei verändert sich in der Seele die geistig atomare Struktur. Die Kerne der geistigen Atome wenden sich vom Wesenskern der Seele, vom Göttlichen, mehr und mehr ab, um Weltliches, den Willen des Menschen, zu registrieren und ihn aufzunehmen.

Die geistigen Atome in den Partikeln der Seele sind die geistigen Sinne. Verfeinern wir die äußeren Sinne, dann wendet sich auch die geistige atomare Struktur der Seele, das heißt, die entsprechenden geistigen Atome in den Seelenpartikeln, wieder dem Wesenskern zu und empfängt von dort mehr Energie. Das bedeutet, daß unsere Seele lichter und unser Leib heller und reiner wird. Es ist also ein Umwandlungsprozeß vom Menschlichen zum Geistigen.

Ein Prozeß ist immer eine Bewegung. Jede Bewegung bringt Erregung und Unruhe mit sich. So ist es auch auf der Stufe der Ordnung, insbesondere bei den ersten Schulungen, wenn der störrische Mensch dem Geiste Gehör schenken und sich zügeln sollte. Nicht der Verstand sagt uns, wie wir sind. Sondern die Entsprechungen in den Seelenhüllen und im Unterbewußtsein sagen uns, was uns noch prägt und was wir überwinden sollen, um von unserem menschlichen Ich frei zu werden.

In seiner Offenbarung gab uns Bruder Emanuel
einen für uns bedeutsamen Satz mit:

Was nicht überwunden ist und nicht ohne weiteres aufgelöst werden kann, muß empordämmern, muß ins Bewußtsein gelangen, damit ihr euch selbst erkennt.

Gabriele:

In den Entsprechungen liegt unser derzeitiges Wesen, nicht im Verstand. Der Verstand spiegelt wohl vieles wider, was an Entsprechungen wirksam ist: doch der Verstand kann uns täuschen.

Erkennen wir jedoch rechtzeitig unser Fehlverhalten und ist es möglich, diese uns anhaftenden negativen Kräfte durch gezielte Übungen aus unserem Inneren zu entlassen, dann müssen wir sie nicht abtragen und durchleiden. Erkennen wir die Chance, die göttliche Gnade, die darin liegt!

Ein erneuter wesentlicher Satz
von Bruder Emanuel:

Durch diese Übungen zur Verfeinerung der Sinne möchte ich euch eine winzige Ahnung des Einheitsbewußtseins vermitteln, der Verwandtschaft zu allen Dingen, denn a l l e s , was wir betrachten und was lebt, ist selbst in uns.

Gabriele erläuterte:

Lieber Bruder, liebe Schwester, werde dir noch einmal der ersten Aufgabe bezüglich der Betrachtung von Mineralien und Steinen bewußt. Du kannst diese Übung, je nach deiner Verbindung mit dem Göttlichen, gelegentlich wiederholen, bis du erkannt und erfaßt hast, wie die Kraft der Natur in deinem Inneren wirkt.

Auch an die Durchführung des Seelengebetes darf ich dich noch einmal erinnern und an die Gedankenkontrolle und den Körperrhythmus.

Auch die zweite Aufgabe möchte ich noch einmal in Erinnerung rufen, in der es heißt, die Tiere zu betrach-

ten – deine Lieblingstiere, aber auch die Tiere, die du noch im Inneren und im Äußeren ablehnst. In der Betrachtung erleben wir, daß wir einem Tier gewogen sind oder ein anderes ablehnen. Das zeigt an, daß wir mit bestimmten Tiergattungen in Harmonie sind und gegen andere Lebensformen – in diesem Leben oder in Vorleben – bewußt verstoßen haben.

Das gleiche gilt bei Pflanzen, Mineralien und Steinen. Wir müssen mit allen Lebensformen in Harmonie gelangen. Deshalb sollten wir uns bewußt werden, daß die Essenz allen Lebens in uns ist. Verstoßen wir bewußt gegen das Leben, dann tun wir unserer Seele und unserem Körper Gewalt an. Was wir aussenden, kommt wieder auf uns zurück.

Die weitere Aufgabe, die ich in Erinnerung bringen darf, ist, die Gesamtheit der Natur aufzunehmen.

Lieber Bruder, liebe Schwester, nimm nun nicht die einzelnen Komponenten der Natur wahr, sondern die Natur in ihrer Ganzheit. Nimm also wieder das äußere Bild auf und laß es eine geraume Zeit auf dich einwirken. Dann schließe die Augen und nimm das Bild mit nach innen. Warte eine geraume Zeit. Lasse also das Bild in dir wirksam werden. Die sich offenbarenden Erinnerungen oder Entsprechungen des Unterbewußtseins oder der Seelenhüllen bringe sodann zu Papier. Was dir das äußere Bild sagte, notiere auf die linke Seite deines Mystischen Tagebuches. Was dir das innere Bild übermittelte, notiere auf die rechte Seite.

Wer die Lehren und Aufgaben, die Schulung des Sehorgans, gewissenhaft und dabei aufrichtig und ehrlich zu sich selbst durchführt, der empfindet nun einen winzigen Bruchteil des Einheitsbewußtseins.

Wiederum ein grundlegender Satz
von Bruder Emanuel:

Hat der Mensch noch wenig Herzensbildung, dann muß er über die Sinneslehre zur Herzenslehre und Herzensbildung finden.

Gabriele:

Sind unsere Sinne feiner geworden, hat sich unser Inneres, unser Herz, aufgetan für das kosmische Leben, dann werden wir nicht mehr verwünschen und verdammen und auch keine negativen Empfindungen und Gedanken mehr hegen. Wir werden den Elementarkräften der Mineralien, der Pflanzen- und Tierwelt positiv gegenüberstehen, mit der Erkenntnis: Was wir auch unserem Übernächsten zufügen, den Tieren, Pflanzen und Mineralien, das fügen wir uns selbst zu. Haben wir Verständnis erlangt, erkennen und anerkennen wir in allem das Leben, beginnen wir alles Sein zu lieben, dann werden Liebe und Selbstlosigkeit unser inneres Wesen prägen.

Unser Geistiger Lehrer offenbarte uns:

Durch diese Übungen werdet ihr erkennen, daß all das, was letzten Endes an Reinheit und Schönheit in euch ist, auch in eurem Nächsten ist. Dann werdet ihr eurem Nächsten mit dem Herzen und nicht mehr mit dem Verstand begegnen. Ihr werdet das Reine in ihm sehen und euch mit dem Reinen verbinden, so wie Gott in jedem Menschen, in jeder Seele nur das Reine schaut.

Gabriele:

Sehen wir nur das Reine und bejahen wir nur das Reine, dann wird auch das Reine mit uns kommunizieren, und wir werden dafür Liebe gewinnen, und Schönheit wird unser Inneres und Äußeres zeichnen.

Sehen wir jedoch nur auf das Negative, auf das Gegensätzliche, auf das Unreine, dann werden wir mit diesen niederen Kräften in Kommunikation treten – und unser Wesen wird verunreinigt, unsere Sinne grob, unser Äußeres tierisch.

Durch das Ringen mit unseren Fehlern und Schwächen erwacht in uns das Herzensgefühl für unsere Mitmenschen.

Lieber Bruder, liebe Schwester, abermals eine Erinnerung:

Auf der Stufe der Ordnung hörst du immer wieder: „Ordne deine Gedanken! Zügle deine Rede! Meistere deine Sinne!"

Woher kommt der Gedanke?

Der Gedanke wird aus den Empfindungen geboren. Die Empfindungen können den Entsprechungen entströmen, die im Unterbewußtsein und in den Seelenhül-

len wirksam sind. Sie können aber auch aus dem Reinen strömen, je nachdem, wie stark unsere Seele belastet ist.

Je sensitiver wir werden durch das Seelengebet und durch die Erfüllung der Aufgaben, um so mehr werden wir uns mit unseren Empfindungen auseinandersetzen. Der wache Wanderer wird sich täglich bemühen, den negativen Gedanken auf den Grund zu kommen. Er wird den immer wiederkehrenden gegensätzlichen Gedanken nachgehen, sie aufrollen; er wird auf die Empfindungen achten und erforschen, woher diese kommen. Wir achten jetzt mehr auf unsere Empfindungen, die auch nur Regungen unseres Gemüts sein können.

Im ersten Stadium des Inneren Weges können die Empfindungen und Regungen aus diesem Leben, aus dem Ober- und Unterbewußtsein kommen: Was wir nicht vergeben konnten, was uns vor Jahren bewegt und getroffen hat, das holen wir immer wieder herbei und bewegen es aufs neue. Anstöße von außen oder die offenbarten Übungen lassen uns erkennen, was nur abgedeckt, jedoch nicht vergeben und daher auch nicht überwunden ist.

Wir müssen uns bemühen, die Gegensätzlichkeiten, die sich immer wieder anzeigen, die durch Eindrücke und Gespräche immer wieder im Oberbewußtsein anklingen, allmählich zu überwinden. Denken wir immer wieder darüber nach, dann verstärken und verfestigen wir diese Komplexe in uns. Auch Erinnerungen können sich verstärken und zu Entsprechungen werden, wenn wir sie durch Gedanken immer wieder auf-

frischen. Sie gehen, sofern sie eine entsprechende Intensität haben, in die Seele über und werden zu Belastungen.

Bruder Emanuel bat uns, die Vergangenheit ruhen zu lassen. Sollte Vergangenes doch wieder empordämmern, Ereignisse aus diesem Leben, sollten wir sie nicht sogleich in unsere Gedankenwelt aufnehmen und analysieren. Wir sollten uns bemühen, die Vergangenheit ruhen zu lassen. Können wir unsere Regungen und Empfindungen jedoch nicht übergeben, kommen sie immer und immer wieder, wenn wir sie fortschicken, dann werden wir sie analysieren, und wir werden uns selbst fragen, was wir damit erreichen wollen.

Unsere Empfindungen und unsere Gedanken sind wir selbst.

Wenn wir sie genau analysieren, wenn wir also hinter unsere Empfindungen und Gedanken blicken, dann erkennen wir, daß wir unter Umständen unserem Nächsten noch nicht vergeben haben oder gar nicht vergeben wollen. Wir müssen uns also fragen: Warum wollen wir nicht vergeben? Was wollen wir mit dem, was in der Vergangenheit vorfiel, erreichen?

Unser Geistiger Lehrer, Bruder Emanuel,
offenbarte:

Vergib deinem Nächsten, der dir Unrecht getan hat. Hast du deinem Nächsten Unrecht getan, so bitte um Vergebung und mache es wieder gut!

Wer erkennt, daß alles auf Ursache und Wirkung basiert, der weiß, daß auch das, was eventuell früher geschah, letzten Endes eine Ursache hatte.

Schult also eure Empfindungen! Lernt, euch immer tiefer zu erkennen, dann werdet ihr nach und nach frei von all dem, was euch heute noch beschäftigt. Dann, liebe Schüler, findet ihr immer tiefer in euer geistiges Bewußtsein. Immer tiefere Schichten werden angesprochen, so daß ihr letzten Endes die Restbestände früherer Schuld heben, erkennen und übergeben könnt.

Gabriele:

Lieber Bruder, liebe Schwester, ich darf auch an die Schulung des Gehörs erinnern: Der nach außen gekehrte Gehörsinn nimmt bewußt laute, disharmonische Töne wahr. Diese Dissonanzen nehmen wir sodann mit nach innen, lassen sie in uns nachschwingen und lassen die Empfindungen kommen. Dann beobachten wir die Reaktionen unseres Körpers.

Auch hier erkennen wir einen Unterschied: Was bewirken disharmonische Töne im Äußeren? Und wie wirken sie sich im Inneren aus?

Dabei lernen wir auch unseren Körper kennen, wie er sich bewegt und welche Ausschläge er zeigt, wenn wir Gegensätzliches empfinden und denken, wenn uns einiges erregt. Wir lernen aber auch unseren Körper kennen, wenn wir still und harmonisch sind. Der Körperrhythmus sagt auch aus, was wir empfinden und denken, wer wir also sind.

Bruder Emanuel kündigte uns an:

Sind die Aufgaben vertieft, sind sie zu eurem Wesen geworden, dann werden weitere Aufgaben folgen. Die weiteren Aufgaben werden sodann die Bewegung des Ober- und Unterbewußtseins bis hin zu den Seelenhüllen sein.

Gabriele sprach:

Mit den folgenden Fragen von Bruder Emanuel werde ich nun diese Schulung aus seiner dritten Offenbarung abschließen:

Wie groß ist die Liebe zu Gott? Wie weit ist eure selbstlose Liebe entwickelt, die Liebe zu Gott, die alles eint, die den Menschen frei macht?

Je größer die Liebe zu Gott ist, um so reiner sind eure Empfindungen, Gedanken und Worte. Auch hier hat der Schüler ein Kriterium an der Hand, mit dem er sich selbst prüfen kann: Wie empfinde, denke und rede ich? Welche Neigungen sind mir noch eigen? So groß oder klein ist die Liebe zu Gott!

Je edler der Schüler empfindet, denkt und redet, um so freier ist er.

Das Innere prägt sodann das Äußere: Die Handlungen, die Gesten, das äußere Erscheinungsbild verändern sich. Die innere Harmonie drückt sich im Äußeren auch in Farben und Formen aus, die der Mensch liebt, in der Gestik und in den Bewegungen, in allem, was der Mensch vollbringt.

Abschließend sprach unsere Schwester Gabriele Worte der Verbundenheit und Ermutigung:

Lieber Bruder, liebe Schwester! Die Geschwister des Universellen Lebens wünschen dir das innere Wachsen und Werden, die immer größere Liebe zu Gott, unserem ewigen Vater.

Auch wir befinden uns auf dem Weg zum Ewigen und verbinden uns mit dir, lieber Bruder, liebe Schwester, in der Liebe Gottes. Wir wünschen dir und uns allen Seinen Frieden.

Friede, lieber Bruder, liebe Schwester!

Gabriele

5. Selbsterkenntnis durch die Gehör-, Geruchs- und Geschmackslehre

Entwicklung der Sinne und Ordnung der Gedanken – Vor dem Sieg steht der Kampf – Das Göttliche in allem – Der Mensch als Sender und als Empfänger

Aufgabe: Wendung des Gehörsinns nach innen und nach außen im Wechsel – Die Geruchs- und die Geschmackslehre (Innen- und Außentage) – Bewußtes Speisen und unkontrollierte Nahrungsaufnahme – Erfüllen von Wünschen – Planen – Loslassen und Leben in der Gegenwart – „Gleitendes" Seelengebet – Nächstenliebe – Der Satan der Sinne – Das Welken und die innere Jugend – Innere Freiheit und innerer Friede – Zusammenfassung

—

Unsere Schwester begrüßte uns in der Intensivschule des Inneren Weges:

Gott zum Gruß, lieber Bruder, liebe Schwester!
Der Friede des Herrn möge mit uns sein!

Unser Geistiger Lehrer und Bruder, Emanuel, gab uns am 17.3.1985 eine Offenbarung für die Stufe der Ordnung, um unsere Sinne zu entwickeln und unsere Gedanken zu ordnen. Die Lehren und Lektionen, die hier niedergeschrieben sind, kommen also aus der göttlichen Welt, gegeben von Bruder Emanuel, dem Cherub der göttlichen Weisheit.

Bruder Emanuel
sprach in seiner Offenbarung zu uns:

So manchem unter euch fällt es noch schwer, den Inneren Weg konsequent zu gehen. Das ist ganz natürlich: Der Körper des Menschen besteht aus Zellen, die bisher nur den äußeren Sinnen gehorchten. Das Zellenheer hat sich den äußeren Einflüssen zugewandt, den Reizen, welche diese Welt bietet. Die Zellen verlangen noch nach all dem, was körperlich ist – und nicht nach den geistigen, gesetzmäßigen Lebensprinzipien.

Gabriele:

Wir müssen uns bemühen, die Zellen umzugestalten, von dem veräußerlichten Streben zur Verinnerlichung.

Das heißt: In uns muß sich ein Wandel vollziehen, von der Äußerlichkeit zur Verinnerlichung. Das ist eine grundsätzliche Veränderung, die den ganzen Menschen erfaßt und auch die Seele entsprechend berührt.

Die Zellstruktur also, die – wie alles – atomar ist, soll sich nun verfeinern und sich den inneren Sinnen zuwenden, den Sinnen der Seele. Das bedeutet für manchen von uns Umkehr und ein völliges Umdenken.

Bruder Emanuel gab uns in seiner Offenbarung
folgende Erläuterung:

Obwohl Leistungssport nicht gesetzmäßig ist, so will ich diesen trotzdem als Beispiel für tägliches geistiges Training nehmen: Jeder Leistungssportler muß tagtäglich trainieren, um Leistung zu erbringen. Nur die Ausdauer zeitigt den Erfolg, den Sieg.

Gabriele:

Lieber Bruder, liebe Schwester, ohne die immer wieder neue Ausrichtung auf das Ziel, auf Gott, und auf unsere Aufgaben, werden wir auf dem Inneren Weg nicht vorankommen. Wir müssen immer wieder neu aufstehen, wenn wir unserer Nachlässigkeit und Trägheit unterlegen sind, um geistig zu wachsen und zu reifen. Die schon einige Schritte auf dem Inneren Weg getan haben, mußten erkennen, daß der Mensch tagtäglich trainieren muß, um sein niederes Ich zu besiegen, das dem Menschen immer wieder Schwierigkeiten und Probleme bringt.

Das niedere Ich besteht aus verschiedenen Gedankenformen, also vom Menschen ausgehenden Gedanken, die sich formierten – und auf den Absender immer wieder Einfluß nehmen.

Wir dürfen den von uns geschaffenen Gedankenformen keine Nahrung mehr geben, indem wir immer wieder Gleiches oder Ähnliches denken. Wir sollten diesen Gedankenformen die positiven, göttlichen Kräfte der Selbstlosigkeit und des Friedens, des Wohlwollens gegenüber unserem Nächsten entgegensetzen. Dann hungern wir diese Gedankenformen aus. Sie nehmen Abstand von uns und wandeln sich in positive Energie um.

Wir wissen, daß unser Mensch, unser Ich, uns nur Schwierigkeiten und Probleme bringt. Trotzdem halten wir unser Ich fest.

Wir sollten uns des öfteren die Frage stellen: Warum halten wir unsere Schwierigkeiten und Probleme fest? Was wollen wir damit bezwecken? Wenn wir zum Beispiel immer wieder über eine unangenehme Situation klagen, so wird sie dadurch nicht besser. Ganz im Gegenteil: Wir verstärken sie nur. Wenn wir immer wieder über ein und dieselbe Situation sprechen, so müssen wir fragen: Was wollen wir damit bezwecken?

Wir wollen also unangenehme Dinge, auch Schwierigkeiten und Probleme, halten, weil wir damit einiges erreichen wollen. Vielleicht können wir einem unserer Nächsten nicht vergeben. Vielleicht klagen wir Gott an wegen unserer Lage – und wissen doch, daß wir selbst die Urheber unseres Schicksals sind. Vielleicht wollen wir dadurch unseren Nächsten erpressen, das zu tun, was wir für richtig halten.

Jeder von uns muß einst erkennen, daß vor dem Sieg der Kampf steht mit den niederen Mächten, mit unseren niederen Empfindungen, Gedanken, Worten und Handlungen, mit unseren veräußerlichten Sinnen, die nach Wohlleben trachten, nach dem inkonsequenten Leben. Unsere veräußerlichten Sinne sind immer wieder bestrebt, Seele und Mensch nach außen zu ziehen, zu den äußeren Kräften, in die Welt der Sinnesreize und Genüsse.

Lieber Bruder, liebe Schwester, in der Zwischenzeit hast du gelernt, das Sehorgan zu schulen. Auch vom Einheitsbewußtsein hast du einen kleinen Schimmer wahrgenommen. So mancher von uns hat erahnt und verspürt, was es bedeutet, alles als Ganzes zu erleben, die Kraft, die von außen nach innen strömt, welche die Seele friedvoll stimmt und zugleich aktiviert. Wer von uns dieses Einheitsbewußtsein erahnt hat und täglich neu erfühlt, der spürt auch die echte Erfüllung seines Lebens. Er erkennt und ahnt auch, daß Gott, die allmächtige Kraft, allwaltend ist.

In allen Lebensformen ist der göttliche Funke. Der göttliche Funke ist Bewußtsein, ist Leben. Somit ist jede Lebensform – entsprechend ihrer Entwicklung – Bewußtsein. Wenn wir in allem, was ist, das Göttliche bejahen, dann empfangen wir von außen, von den Naturreichen und den Gestirnen, Kraft. Denn in allem – insbesondere im Menschen selbst – ist das Göttliche, ist Bewußtsein. Wenn das Bewußtsein mit dem göttlichen Bewußtsein, das in allen Lebensformen – auch im Menschen – ist, kommuniziert, dann fließen die göttlichen Kräfte.

Wer die Kräfte selbstloser Liebe aussendet, der wird um ein Vielfaches Kräfte selbstloser Liebe empfangen.

Lieber Bruder, liebe Schwester, auch wir auf den weiteren Stufen mußten dies alles erlernen und durchleben, bis wir erkannt haben: Ohne Verwirklichung kommt kein Ziel in Sicht.

So mancher glaubt, wenn er viel Wissen hat, wäre er weise. Doch: Wissen ist nicht Weisheit. Wissen ist die Voraussetzung, um weise zu werden. Wenn wir das geistige Wissen an uns selbst anwenden, indem wir die Gesetze Gottes verwirklichen, dann erst werden wir weise: Wir werden wieder volles Bewußtsein. Noch sind wir in den unterschiedlichen Bewußtseinszuständen – denn solange wir an das Kausalgesetz gebunden sind, befinden wir uns in den sogenannten Bewußtseinszuständen, je nach unserer geistigen Entwicklung.

Auf dem Inneren Weg erfahren wir, daß sich die positive Kraft ständig verströmt. Sie strömt dem zu, der sich für die positiven Kräfte öffnet. Die göttliche Kraft strömt uns auch über die Naturreiche und Gestirne zu – und aus den Menschen, die wir selbstlos lieben. Dadurch erlangen Seele und Leib Stärkung.

Um die Kräfte der Naturreiche und Gestirne empfangen zu können, bedarf es der präzisen Ausrichtung der Seele und des Menschen.

Alles ist Bewußtsein. Haben wir unsere Sinne nicht verfeinert, unser Wesen nicht auf Gott ausgerichtet, dann können wir auch von der göttlichen Kraft nur sehr wenig empfangen.

Wir Menschen sind Sender und Empfänger. Ich denke hier an unsere Rundfunk- und Fernsehgeräte. Haben wir den entsprechenden Sender nicht eingestellt, dann werden wir auch nicht empfangen. Wir nehmen wohl Geräusche wahr oder Wellen mehrerer Sender. Doch wir hören keinen Sender präzise – weil wir nicht die richtige Einstellung zum Sender haben.

Der Geist unseres Vaters sendet unermüdlich. Alles ist durchdrungen von dem Sender Geist. Haben wir uns nicht auf den Sender Gott ausgerichtet, durch Verwirklichung, durch Einstimmung auf Ihn, dann werden wir auch von Ihm nicht präzise empfangen können. Wir werden unter Umständen von einigen Sendebereichen Impulse bekommen, doch diese Sendebereiche sind nicht göttlichen Ursprungs, sondern Gedankenformen – oder Kräfte aus der atmosphärischen Chronik. Nehmen wir durch ein inkonsequentes Leben gleichzeitig mehrere Sender auf, dann werden wir im Laufe der Zeit unser Nervensystem belasten und zerrütten.

Ein bedeutender Satz
unseres Geistigen Lehrers, Bruder Emanuel:

Liebe Freunde! Der Weg nach Innen ist der Weg der Liebe zu Gott. Aus Liebe zu Gott sollte der Schüler allmählich das Menschliche lassen, um Göttliches zu gewinnen.

Gabriele sprach zu uns:

Wir kommen nun zu den weiteren Aufgaben auf dem Inneren Weg, die notwendig sind, um die Verfeinerung der Sinne und die Sensitivität der Seele und des Menschen zu erlangen.

Es wurde schon vom Gehörsinn gesprochen, davon, daß der Mensch auch den Gehörsinn schulen muß, um die inneren Sinne so sensitiv zu machen, auf daß in späterer Zeit die unmittelbare Führung durch den Geist Gottes in Christus, unserem Erlöser, einsetzen kann.

Da wir mit unseren Sinnen sehr in der Welt leben, muß jedes Sinnesorgan einzeln angesprochen werden.

Die Neugierde ist ein Anzeichen dafür, daß der Gehörsinn der äußeren Erscheinungswelt zugewandt ist. Die Bestrebungen des weltzugewandten Menschen sind, viel zu erfahren und viel zu erhorchen. Menschen dieser Welt möchten jenes registrieren und dieses nachvollziehen. Die Neugierde ist also ein Zeichen dafür, daß der Gehörsinn nach außen gerichtet ist. Er soll jedoch auf dem Weg zum Göttlichen verfeinert werden.

Jeder von uns hat sicher schon am eigenen Leib erfahren, daß er durch ständiges Bemühen, alles zu hören, alles zu registrieren und in sich aufzunehmen, unruhig wird. Seine Nerven ziehen, zerren und zehren am Körper. Ja, sie zehren auch an unserem Körper, denn Neugierde ist vergeudete Kraft.

Bruder Emanuel gab uns eine Übung
zur Selbsterkenntnis:

Die nachfolgenden Übungen sollen im Wechsel durchgeführt werden:

Zwei Tage soll sich der Schüler bemühen, nach innen zu leben. Nach innen leben, heißt, sich vor negativen Einflüssen schützen: Er bemüht sich, die Geräusche und Töne, die Dissonanzen nicht in sein Inneres aufzunehmen.

Gabriele:

Das geht wie folgt vor sich: Wir hören wohl die Geräusche, Töne und Laute um uns, doch wir regen uns darüber nicht auf.

Durch die Erregung über die Dissonanzen – gleich, welcher Art sie sind und woher sie auch kommen – nehmen wir diese automatisch in uns auf. Sie wirken auf unser Nervensystem ein, verkrampfen es und bewirken, daß sich die Geist- und Körperenergie reduziert.

Jede Verkrampfung geht auf Disharmonie zurück, die sich im Organismus störend auswirkt. Jede Disharmonie beruht auf einem Fehlverhalten des Menschen, auf einer Zuwiderhandlung gegenüber dem ewigen Gesetz.

Durch die Erregung aktivieren wir auch in unserer Seele eine Entsprechung. Diese kommt sodann zum Schwingen und zieht das an, woran wir uns erregt haben und erregen. Dadurch verändert sich unser Körperrhythmus, und wir gelangen in einen niederen Schwingungsbereich, weil Dissonanzen dem Körper Energie entziehen. Dadurch gleitet der Organismus in eine entsprechend niedere Schwingung ab. Das bedeutet, daß auf ihn entsprechende Kräfte einwirken, die sich in diesem Schwingungsbereich aufhalten.

In seiner Offenbarung sprach unser Geistiger Lehrer, Bruder Emanuel:

Die Disharmonie drückt sich in unkontrollierten Gedanken und durch viel Worte aus. Weiter drückt sie sich durch disharmonische, also hektische und ruckartige Bewegungen und unkontrollierte Handlungen aus. Der Mensch vollbringt Dinge, die unnütz sind. Dadurch vergeudet er seelische und physische Kraft und fällt in den entsprechenden Schwingungsbereich, den er sich durch das Fehlverhalten selbst ausgesucht hat.

Gabriele erläuterte die Übungen:

Rollo herunterlassen „Heute ist geschlossen!"

Wir bemühen uns also, zwei Tage nach innen zu leben. Wir bemühen uns, die äußeren negativen Geräusche und Töne nicht aufzunehmen, nicht in unser Inneres zu lassen. Wir hören sie wohl, lassen sie jedoch an uns abgleiten. Wir leben nach innen.

Damit wir uns dieses Innenlebens bewußt werden, bemühen wir uns, in der Natur, in den Menschen das Schöne, Edle und Reine zu bejahen, immer wieder das Gute zu sehen. Das bewirkt die innere Bereitschaft und das Hineinleben in das Königreich Gottes. An den Innentagen sollten wir auch nur wesentliche Gespräche führen, also alles Unwesentliche meiden. Was der Nachbar mit dem Nachbarn spricht, ist für uns an den Innentagen uninteressant. Der Gehörsinn ist in dieser Zeit nach innen gewandt, um dort Erholung und Stille zu finden.

Um die Tür zum Innenleben zu erschließen, helfen auch Bewußtseinsstützen, wie zum Beispiel:

Ich bin die Stille.
Ich bin der Friede.

In mir ist alles still.
Ich bin friedvoll.
Ich bin harmonisch.

Diese Bewußtseinsstützen helfen uns, die aufkommende Neugierde zu überwinden, so daß das Innere auf positivem Empfang bleibt. Klingen laute und schrille Töne intensiv an unser Ohr, so sollten wir diese nicht brüsk ablehnen. Wir können auch in den lauten und schrillen Tönen das Positive bejahen, die Kraft, die darin still wirkt, die vom Äußeren, vom Mißton eingekapselt, jedoch vorhanden ist; denn kein Ton ist ohne göttliche Kraft.

Durch die Stetigkeit, nur die positiven, harmonischen Töne zu bejahen, werden die lauten und schrillen Töne allmählich schwächer in und um uns, da wir durch das positive Leben einen geistigen Kokon, ein geistiges Kraftfeld bilden, welches die größten Dissonanzen abweist. Auf diese Weise finden wir allmählich zum inneren Frieden.

Lieber Bruder, liebe Schwester, was du an den beiden Innentagen empfunden oder gedacht hast, also das Wesentliche deiner Empfindungen und Gedanken, das notiere in deinem Mystischen Tagebuch auf die rechte Seite.

Nun kommen zwei Außentage: An diesen beiden Außentagen strömt der Gehörsinn nach außen. Was die Welt an Geräuschen und Tönen bietet, das nehmen wir in unser Inneres auf. Dabei erwacht wieder die Neugierde. Wir erhorchen wieder, was der Nächste zu berichten hat, was wohl der Nachbar tut, was er einkauft usw. Wir übertreiben dabei nicht, indem wir zum Beispiel das, was eben gesagt ist, willentlich herbeiführen. Wir lassen kommen, was uns die Tage bringen. Die Empfindungen und Gedanken, die sich an diesen Außentagen ergeben, die uns eventuell ermahnen, notieren wir auf die linke Seite unseres Mystischen Tagebuches.

Diese Übungen können des öfteren wiederholt werden, jedoch nicht kontinuierlich – eventuell im Abstand von 14 Tagen.

Dieser Wechsel, zwei Tage nach innen leben und zwei Tage wieder im Äußeren sein, bringt in uns einiges in Bewegung. Durch diese Übungen werden gesetzmäßig das Ober- und Unterbewußtsein angesprochen und auch die Belastungen in den Seelenhüllen. Durch diese Übungen steigt allmählich – und gesetzmäßig – so viel in uns empor, wie wir erkennen und ablegen können. Sie dienen also der Selbsterkenntnis.

Wer diese Übungen ohne Fanatismus durchführt, der wird, Tag für Tag, nur soviel zur Selbsterkenntnis erhalten, wie er tragen und verwirklichen kann. Ohne Selbsterkenntnis keine Reue, und ohne Reue und Übergabe der Fehler und Schwächen – auch Sünden genannt – an Christus keine Befreiung von der Schuld.

Diese Übungen müssen – das sei wiederholt – wie jede gesetzmäßige Übung, ohne Fanatismus durchgeführt werden: Wir sollen nichts erzwingen, sondern uns redlich und ehrlich bemühen, das Erkannte Christus zu übergeben. Wir sollen unsere Fehler und Schwächen auch nicht verdrängen, sondern ihnen immer weniger *oft nachgeben, sie Schritt für Schritt abbauen. Dann fällt allmählich Stück für Stück von dem Komplex menschlichen Ichs ab – und wir werden davon frei.*

Nach jeder Woche oder nach jedem Monat, je nachdem, wie intensiv wir den Weg beschreiten, sollten wir in unserem Tagebuch Bilanz ziehen: Was haben wir bewältigt, was steht noch an? Was wir also überwunden haben, daran sollten wir uns freuen und erkennen, daß es auf dem Inneren Weg vorangeht.

Über unsere noch bestehenden Mängel sollten wir jedoch keine Schuldgefühle aufkommen lassen, sondern wir dürfen uns darin abermals selbst erkennen und sie mit Gottes Hilfe überwinden.

Mit folgenden Worten gab uns Bruder Emanuel
eine weitere Aufgabe:

Die Schüler auf dem Weg zum Inneren Leben üben sich auch in der Geruchs- und Geschmackslehre.

Menschen, die ihre Sinne verfeinern wollen, werden nicht überall, wo sie gehen und stehen, Gerüche und Düfte bewußt registrieren, die das Geruchsorgan aufnimmt. Bewußt registrieren heißt, über die Gerüche ausführlich nachdenken und sprechen.

In der Schulung
wies Gabriele auf folgendes hin:

Wir sollen also unsere Nase nicht überall hineinstecken, auch nicht in die duftenden Fleischtöpfe.

Bruder Emanuel
ermahnte uns mit folgenden Worten:

Gedanken und Worte sind Kräfte. Sie wirken sich im und um den Menschen aus, der zum Beispiel über die Gerüche nachdenkt und darüber lange spricht und seine Nase über den Geruchsstoff hält.

Spricht der Mensch zum Beispiel über unangenehme und schlechte Gerüche, dann verstärkt er diese Schwingung in sich, denn auch der Geruch und der Duft sind Schwingung. Er zieht dadurch den Geruchskomplex an, der sodann auf ihn Einfluß nimmt. Diese Schwingungen wirken sich nun im Organismus aus. Sie wirken sodann verstärkt auf den Geruchs- und Geschmackssinn ein und regen weitere Sinneslüste an. Der Mensch wird von seinen Sinnen getrieben; die Gelüste bewegen ihn, sie verlangen nach diesem und jenem. Sie regen den Menschen an, dieses und jenes zu erwerben oder eine bestimmte Nahrung aufzunehmen.

Unsere Schwester sprach zu uns:

Wie oft mußten wir an uns selbst erleben, daß allein ein Geruch uns entweder zu Naschereien oder einer ähnlichen Gedankenverknüpfung anregte oder zum Kauf von diesen und jenen Genußmitteln. Wir werden also von unseren nach außen gerichteten Sinnen getrieben.

Bruder Emanuel offenbarte:

Das Getriebensein führt zu Disharmonien und Verkrampfungen des Nervensystems. Daraus ergeben sich sodann Gedanken- und Wortspiele, die den Menschen wiederum in niedere Schwingungszonen ziehen, weil Seele und Körper an Energie verlieren.

Hingegen stimulieren natürliche Düfte, wie Düfte von Blumen, Sträuchern und Bäumen. Sie regen die Seele an und bewirken in Seele und Leib die Harmonien, die aus den reinen Lebensformen dem entsprechend ausgerichteten Menschen zuströmen.

Wer seine Sinne veredelt, erlangt den Adel der Seele und findet zu seinem geistigen Bewußtsein, zur Sohn- und Tochterschaft Gottes. In allem Reinen, Edlen und Schönen liegt die Kraft der Liebe, die durch Selbstlosigkeit aktiv wird und Seele und Mensch durchstrahlt und den Organismus überstrahlt.

Sobald das Geruchsorgan Gerüche und Düfte wahrnimmt, registriert sie auch gleichzeitig das Geschmacksorgan. Das Geruchs- und das Geschmacksorgan übertragen die Wahrnehmungen an die Gehirnzellen, die sofort diese Schwingungen registrieren und alle weiteren Sinnesorgane beeinflussen.

Hierzu Gabriele:

Lieber Bruder, liebe Schwester, wir schulen nun auch unser Geruchs- und Geschmacksorgan. Diese Übungen vollziehen wir in gleicher Weise wie die vor-

ausgegangenen: Im Wechsel von zwei Innen- und zwei Außentagen bringen wir wieder in Erfahrung, woran es noch an uns mangelt.

An den ersten beiden Tagen bemühen wir uns, die äußeren Gerüche und Düfte nicht in unser Inneres aufzunehmen. Wir beachten die Gerüche nicht. Wir stecken nicht unsere Nase in alles, was riecht, auch nicht in die Suppen- und Fleischtöpfe. Wir machen uns auch über die Gerüche und Düfte keine Gedanken und sprechen nicht darüber. Wir haben gehört, daß wir durch Gedanken und Gespräche nur verstärken, was uns anfliegt.

An den beiden Innentagen bemühen wir uns, b e - w u ß t den Duft von Blumen, Sträuchern und Bäumen aufzunehmen. Zarte, milde Parfums wollen wir nicht verwerfen. Wir wollen jedoch bewußt die Naturdüfte aufnehmen und auch die würzige Luft, die uns zum Beispiel bei einem Waldspaziergang besonders kräftigt.

Unsere Eindrücke, Empfindungen und Gedanken notieren wir wieder auf die rechte Seite unseres Mystischen Tagebuches. Auch was der Gaumen an diesen zwei Innentagen signalisiert, nehmen wir in unser Mystisches Tagebuch auf. Das Tagebuch sagt uns also, wer wir noch sind.

An diesen beiden Innentagen werden wir auch diszipliniert und konzentriert unsere Nahrung aufnehmen. Durch das disziplinierte und konzentrierte Aufnehmen unserer Nahrung verfeinert sich auch unser Geschmackssinn. Jeder Bissen, den wir dem Geschmacks-

organ zuführen, soll bewußt und harmonisch gekaut werden.

Wir sollen uns für das Mahl Zeit nehmen. Jede Mahlzeit soll ein heiliger Akt sein, der unsere Dankbarkeit Gott gegenüber ausdrückt für die Nahrung, die Er Seinen Menschenkindern schenkt.

Diszipliniert und konzentriert essen heißt auch, erst den Mund wieder mit Nahrung zu füllen, wenn dieser leer ist, also wenn die gut zerkaute Nahrung dem Verdauungsorgan, dem Magen, zugeleitet ist. Wir nehmen auch erst wieder eine mittelgroße Menge auf Löffel oder Gabel, wenn wir unsere Nahrung gut gekaut und hinuntergeschluckt haben.

Durch die Harmonie beim Essen veredeln wir auch unsere Sinne. Die Veredelung unserer fünf menschlichen Sinne wirkt sich sodann auch positiv auf die Seele aus. Dadurch tragen wir mit dazu bei, daß sich unser Geistkörper veredelt und allmählich der Adel unseres wahren Wesens hindurchbricht.

Durch die harmonische Nahrungsaufnahme bewirken wir auch, daß wir allmählich in höhere Schwingung kommen und uns niedere Gedanken und triebhafte Wünsche nicht mehr so oft anfliegen oder von innen her bewegen. Wir wissen, vieles kann in uns austrocknen, ohne daß wir es erleben oder gar durchleiden müssen. Rechte Nahrungsaufnahme und gesittete Essensgewohnheiten tragen zur inneren Harmonie bei.

Was bewirkt es, wenn wir während des Kauens schon wieder mit Löffel, Gabel und Messer hantieren? Sobald die nächste Nahrung auf dem Löffel oder der

Gabel liegt, bevor wir also die vorausgegangene Menge dem Verdauungsorgan zugeführt haben, bedrängt uns der Magen und bewirkt damit, daß der Kauvorgang beschleunigt wird. Die nur gering zerkaute Nahrung, die dem Magen zugeleitet wird, kann – auf die Dauer gesehen – nicht nur zu Komplikationen führen, wie zum Beispiel zu Magenbeschwerden; sie kann auch Disharmonien mannigfacher Art auslösen, weil der Magen und weitere Organe intensiver arbeiten müssen und dadurch zu viel Körperenergie verbrauchen.

Wer seine Nahrung unkontrolliert und hastig zu sich nimmt, der bewirkt auch, daß sein Geruchs- und Geschmacksorgan sich immer mehr nach außen kehrt und mehr Nahrung und Getränke verlangt und auch kulinarische Genüsse aller Art.

Das gleiche gilt bei der Aufnahme von Flüssigkeit. Der Inhalt des Glases soll nicht auf einmal geleert werden – möglicherweise auch noch eiskalt. Menschen auf dem Pfad der Veredelung trinken schluckweise.

Wir dürfen immer wieder erkennen: Sobald wir unsere Sinne verfeinern, verfeinert sich auch die Seele und unsere gesamte Körperstruktur. Gleichzeitig werden die Seelenhüllen lichter, und wir erlangen eine kontinuierliche Ausrichtung auf die unbelastbare Kraft, Gott, den Wesenskern der Seele.

Wir werden also an den beiden Innentagen uns bewußt werden, was wir sind – und den inneren Adel anstreben durch die Verfeinerung der Sinne.

Damit wir in unserem Inneren das Ober- und Unterbewußtsein in Bewegung bringen und auch unsere Seelenhüllen, werden wir wieder zwei Außentage ein-

führen. Das heißt, nach den zwei Innentagen kommen wieder zwei Außentage. An den beiden Außentagen werden wir den Geruchs- und Geschmackssinn wieder ungezügelt wirken lassen. Was wir an den beiden Innentagen beachtet haben, ist an den Außentagen hinfällig.

Die alten Gewohnheiten ziehen wieder ein: Während wir noch dabei sind, den Bissen zu kauen, nehmen wir ganz automatisch, wie üblich, schon den nächsten auf den Löffel oder auf die Gabel. Die alte Gewohnheit ist auch, mit vollem Mund zu trinken. Auch das ist an den Außentagen gestattet. Es muß jedoch nicht erzwungen werden. Wir kasteien uns also nicht. Wir erzwingen nicht etwas, was wir uns nicht angeeignet haben. Wir werden also zwei Tage wieder so leben, wie wir vor unserem geistigen Wissen und unseren geistigen Erkenntnissen gelebt haben. Was wir an den beiden Außentagen an wesentlichen Gedanken und Gefühlen registrieren konnten, nehmen wir wieder in unser Mystisches Tagebuch auf, diesmal auf die linke Seite.

Lieber Bruder, liebe Schwester, diese Übungen zu machen oder nicht zu machen, steht dir frei! Du wirst auf dem Inneren Weg zu nichts gezwungen. Du kannst diese Übungen alle 14 Tage durchführen oder nur monatlich oder ganz lassen oder erst dann, wenn du erkannt hast, daß sie zu der Verfeinerung deiner Seele und deines Leibes beitragen, wenn du erkannt hast, daß auch durch diese Übung und durch Verwirklichung dein Gewissen freier wird und dir immer mehr sagt, woran es noch in und an dir mangelt.

In seiner Offenbarung
erinnerte uns Bruder Emanuel
an das Gesetz der Freiheit:

Es würde wenig nützen und wenig zur Erbauung beitragen, wenn ich, euer Lehrer, einfach und schlicht sagen würde: „Das müßt ihr tun und jenes sollt ihr lassen." Denn jeder Mensch hat den freien Willen, auch auf dem Inneren Weg.

Gabriele:

Das erneut zu hören, ist für uns alle zur Wiederholung notwendig. Wir müssen also selbst erfahren, was es bedeutet, nach innen zu leben oder im Äußeren zu verbleiben, sich in der Welt zu tummeln und das Ziel zu verfehlen – oder sich zu reinigen und zu veredeln. Durch die Selbsterkenntnis, also durch die Erfahrung am eigenen Körper, werden wir bereit, den geistigen Weg mehr und mehr zu bejahen und zu wandeln, um von der niederen Natur die Befreiung zu erlangen.

Frei sein bedeutet, immer weniger weltliche Ansprüche an sich selbst und immer weniger Wünsche und Ansprüche an den Nächsten zu stellen. Solange wir uns in Erwartungshaltung befinden, solange wir von unserem Nächsten etwas erwarten, daß er dies oder jenes tun müsse, so lange sind wir an seine Meinungen und Vorstellungen gebunden. Wer für sich selbst noch erhebliche weltliche Ansprüche geltend macht, wer seine Gedanken um seine eigenen Belange kreisen läßt, indem er das noch besitzen und jenes erwerben möchte, das ihn drängt und umwölkt, dessen Herz ist noch nicht frei für den Inneren Weg.

Unser Geistiger Lehrer, Bruder Emanuel,
offenbarte:

Jeder von euch hat noch kleinere oder größere Wünsche. Wer auf dem Pfad zu Gott wandelt, sollte sich prüfen, was notwendig ist. Das Erfüllen von kleineren oder größeren Wünschen, die den Menschen nicht drängen und umwölken, die nun mal da sind, um sich an äußeren Dingen zu erfreuen, diese Wünsche sollten erfüllt werden, sofern sie zu erfüllen sind, je nach Vermögen des einzelnen.

Menschen auf dem Inneren Weg werden sich nicht von Gedankenvagabunden zerstreuen lassen und von unerfüllten, unwesentlichen Wünschen drängen lassen. Sie planen und wägen ab, ob es notwendig ist oder nicht. In Gedanken übergeben sie sodann den Plan dem ewigen Gott, auch ihre Wunschgedanken, die entsprechend ihrer derzeitigen Lebensweise unerfüllbar sind.

Wer sich sehr viel mit seinen eigenen kleineren und größeren Wünschen beschäftigt, der bewirkt, daß sich die Sinne wieder nach außen kehren und in Seele und Leib Dissonanzen einziehen. Wer sich Gott anvertraut und auf Ihn baut, der wird erhalten, was er benötigt – und darüber hinaus.

Gabriele sagte dazu:

Gott, die allmächtige Kraft, kann alles so lenken, daß es für uns gut ist und der Seele zum Wohle dient. Gott hilft durch uns selbst und über Zweite und Dritte.

Unsere Schwester sprach noch einige Worte zur Planung:

Lieber Bruder, liebe Schwester, wir Menschen haben die Angewohnheit, alles, was wir tun oder was wir planen, in Frage zu stellen. Was wir geplant haben, stellen wir selten unter den Willen Gottes. Wir haben geplant, und wir bemühen uns, den Plan von uns aus durchzuführen. Dabei wägen wir beständig ab, ob es wohl gelingt, was wir geplant haben oder ob es uns aus diesen oder jenen Gründen nicht möglich ist durchzuführen, wonach uns unsere Wünsche drängen.

Durch unsere Bejahung und gleichzeitige Verneinung, durch unsere ziellose Arbeit am Gelingen des Planes, stellen wir diese nicht nur in Frage, sondern tragen oftmals zum Nichtgelingen bei.

Wir sollten uns mehr von Gott führen lassen, uns Ihm anvertrauen. Das heißt nicht, daß wir untätig sein sollen.

O nein! Wir sollen lediglich der Handschuh an der Hand des Herrn sein. Wir sollen planen und sowohl den Plan als auch unser Tun unter den Willen Gottes stellen. Das heißt: Wir zweifeln nicht mehr, ob der Plan gelingt. Wir wägen nicht mehr ab. Wir wirken und handeln für den Plan. Wir lassen uns nicht von drängenden und bohrenden Gedanken beeinflussen. Wir tragen zum Gelingen des Planes bei, souverän, und wissen: Wenn es Gottes Wille ist, dann wird er die Dinge und Geschicke so lenken, wie es gut ist. In diesem Vertrauen wirken, handeln und leben wir. Das ist Vertrauen, Konzentration und Ausrichtung.

Wenn es dann noch für uns gut ist, wird der Wunsch in Erfüllung gehen und der Plan gelingen. Ist es für uns nicht gut, dann zerschlägt er sich. Beides sollen wir annehmen, den Erfolg und den eventuellen Mißerfolg.

Wägen wir jedoch schon im voraus ab und stellen wir unser Vorhaben gleichzeitig in Frage, dann hindern wir Gott am Wirken. Durch dieses Hin- und Hergerissensein, durch das Für und Wider, durch die Bejahung und das Infragestellen, kann unter Umständen auch ein Vorhaben gelingen, das für uns allerdings nicht gut ist. Sein Gelingen kann auf uns zukommen, weil wir durch Zweifel und menschliche Reaktionen das Wirken Gottes ausgeschaltet und niederen Kräften Tür und Tor geöffnet haben, die sodann für uns gearbeitet und den Wunsch erfüllt oder gar den Plan zum scheinbaren Gelingen geführt haben. Durch unsere menschlichen Regungen haben wir in diesem Fall entweder mit Gedankenenergien in der Atmosphäre oder mit außerirdischen Energien, mit ungesetzmäßigen Energien gearbeitet oder gar Kontakt mit Seelen aufgenommen, die unseren Plan wunschgetreu durchgeführt haben. Wir verfolgen dann das scheinbare

Gelingen unseres Planes weiter, arbeiten danach und scheitern letztlich nach Monaten, Jahren oder in weiteren Inkarnationen – da wir ja in einem weiteren Erdenleben dort fortfahren werden, wo wir im früheren Leben aufgehört haben –, da unser Plan letztendlich für die Entwicklung unserer Seele nicht gut war.

Unsere Zweifel, unser Mißtrauen, unsere Ängstlichkeit und Sorge binden uns an unsere Wünsche und Vorstellungen, an Menschen und Dinge. Wer zur inneren Freiheit finden möchte, der muß von allen äußeren Bindungen und Dingen frei werden.

Solange wir von uns aus etwas wollen, ist es eine sogenannte Erwartungshaltung. Jede Erwartungshaltung führt die Sinne nach außen, die sich sodann an Dinge und Menschen binden. Solange der Mensch etwas möchte, bindet er sich an Menschen und Dinge. Stellt er seinen Willen unter den Willen des Herrn, läßt er sich führen – und nicht drängen von seinen menschlichen Gedanken und Wünschen –, dann wird er frei.

Je freier der Mensch wird, um so weniger Ansprüche stellt er an die Welt und an seinen Nächsten: Er wird selbstlos und gibt, und je mehr der Mensch selbstlos wird, um so mehr wird er empfangen.

Das gilt auch für unsere Planung. Wer richtig plant, ohne zu wünschen, ohne sich Gedanken der Sorge zu machen, ob es wohl glückt oder nicht, der ist geführt von oben, von Gott. Wer weiß, daß er nur Verwalter seines Besitzes ist und an das Wohl seines Nächsten denkt, wer also nicht mehr an seinem Hab und Gut hängt, sondern es nur verwaltet, der wird mehr empfangen, als er benötigt.

Wer sein Sinnen und Trachten nach innen richtet, zu d e m , der die Fülle ist, der wird auch für sich aus der göttlichen Fülle empfangen, in dieser und in der anderen Welt.

Je reiner unsere Seelen werden, um so mehr werden wir auch im Äußeren erhalten, denn die Fülle kommt auf den zu, der im Herzen, in der Seele, die Fülle erschlossen hat. Das kann in diesem oder in einem der nächsten Leben sein.

Wohl dem, der das zur rechten Zeit erkennt. Er wird sich sodann im rechten Maße einsetzen, nicht für seine eigenen Belange, sondern zum Wohle der Allgemeinheit, zum Wohle derer, die nach der inneren Fülle streben.

In seiner Offenbarung sprach Bruder Emanuel:

Wer sich nur als Verwalter seines Besitzes sieht, den ihm Gott für das Gemeinwohl anvertraut hat, der kann auch loslassen von Sein-, Besitzen- und Habenwollen.

Loslassen bedeutet, er wird nicht mehr von Sein-, Besitzen- und Habenwollen gedrängt. Loslassen bewirkt Frieden, innere Stille, Freude und Harmonie. Menschen, die loslassen können, leben nicht mehr in der Vergangenheit. Sie denken auch nicht mehr angsterfüllt an die Zukunft. Sie leben bewußt in der Gegenwart.

Wer bewußt im Jetzt lebt, in dem lebt und durch den wirkt Gott. Der Ewige beflügelt die Seele des Menschen und führt Seele und Mensch zu ungeahnten Höhen.

Wer also seine Sinne auf rechte Weise schult, sie verfeinert und seine Gedanken veredelt, der findet zu der inneren Freiheit und erlangt wahre Größe. Was vollzieht sich also in der Seele, wenn der Mensch seine Sinne verfeinert?

Zum ersten lichten sich die Seele und die Seelenhüllen, da die ewige Kraft vieles umwandelt, was sodann der Mensch durch die Verfeinerung seines Wesens, seiner Empfindungen und Gedanken nicht mehr tragen muß.

Zum zweiten richten sich die geistigen Atome allmählich auf den unbelastbaren Wesenskern der Seele aus, auf das zentrale Licht, auf die Urkraft. Von dort aus strömen sodann vermehrt Energien in Seele und Körper.

Die vom Wesenskern ausgehenden vermehrten Kräfte wirken sich in Seele und Leib positiv aus. Die vermehrte Lebenskraft bewirkt Gesundheit, Glück und Zufriedenheit. Auf Grund der vermehrt ausströmenden Kraft aus dem Wesenskern, Gott, erweitert sich auch das geistige Bewußtsein der Seele. Seele und Mensch werden stiller und aufnahmefähiger für die ewige Kraft.

Bruder Emanuel
brachte es uns noch einmal nahe:

Auf der Stufe der Ordnung bemüht sich der Schüler, durch die Verfeinerung seiner Sinne und durch die Kontrolle seiner Gedanken von außen nach innen zu arbeiten und zu wandern.

Hat der Schüler seine Sinne verfeinert, seine Gedanken geordnet und seine Rede gezügelt, dann wird er fortan mehr und mehr von innen nach außen leben. Das bedeutet, daß der Schüler seine Vergangenheit weitgehend gemeistert hat und in der Gegenwart lebt. Die Zukunft wird er sodann mit Gott gestalten.

Gabriele:

Bruder Emanuel ermahnte uns, die Aufgaben und Lektionen aus dem Geiste unseres Vaters bewußt und gewissenhaft zu erfüllen, damit wir von unserer niederen Natur frei werden, unser Geistbewußtsein still wird und sich zugleich erweitert. Nur mit einem stillen und erweiterten Bewußtsein können höhere Stufen angestrebt werden, auf denen höhere Ideale und Werte Grundbedingung sind. Das stille und erweiterte Bewußtsein eines Menschen in der Verwirklichung ist die Verankerung im Göttlichen.

Wer auf dem Inneren Weg einige Schritte getan hat, wer in sich die Selbstlosigkeit verspürt durch selbstlose Gedanken, durch innere Stille und Konzentration, der kann – sofern er möchte – das Seelengebet in Zukunft wie folgt gestalten:

Bruder Emanuel gab uns folgende Hinweise:

Zu der üblichen Zeit, an dem gleichen Ort, an welchem einigermaßen Ruhe und Frieden herrschen, erfüllt ihr die freudige Aufgabe, das Seelengebet.

Der Schüler nimmt die bekannte aufrechte Sitzhaltung ein. Er schließt die fünf Sinnestore. Das erste Tor sind die beiden Augen. Das zweite Tor ist der Gehörsinn, den er nach innen wendet.

Das dritte und vierte Tor, das Geruchs- und Geschmacksorgan, sind untätig. Das fünfte Tor, der Tastsinn, ist ebenfalls geschlossen.

Die Hände ruhen im Schoß.

Der Schüler betet bewußt, sinngemäß mit folgenden Worten nach innen:

„Ewiger Vater!
Mein Sinnen und Trachten liegt darin,
Dir zu gefallen und Dir näherzukommen.
Meine Sinne schweigen.
Ich möchte zum ewigen Bewußtsein vordringen,
zu Dir, Du Ewiger,
der Du bist von Ewigkeit zu Ewigkeit.“

Gabriele:

Lieber Bruder, liebe Schwester, dieses Gebet an den Ewigen kannst du entsprechend deinen Empfindungen beten. Hierzu gab uns Bruder Emanuel mit dem vorstehenden Text nur eine Anleitung. – Diese Gebetsworte werden von unseren Gedanken und Empfindungen begleitet. Sind unsere Empfindungen und Gedanken bei unseren Gebetsworten, dann erst beten wir konzentriert. Das Gebet richten wir nach innen.

Mit Empfindungen der Liebe und Dankbarkeit Gott gegenüber gleiten wir sodann zum Bewußtseinszentrum der Ordnung, das in der Nähe der Steißbeinregion verankert ist. Die Gebetskräfte strömen also hinab zum Bewußtseinszentrum der Ordnung. Dort angelangt, sprechen wir in Gedanken oder mit Worten die Seele an. – Auch hier gilt es: Jeder betet so, wie es ihm augenblicklich zumute ist. Die Anleitung von Bruder Emanuel soll sinngemäß verstanden werden. Die Anleitung lautet:

„Herr, Du bist allgegenwärtig.
Meine Seele und alle meine Körperzellen jubeln Dir zu.
Meine Seele, stimme dich ein auf Gott,
die allmächtige Kraft,
und bete inbrünstig zu dem, der dich gerufen hat:
Ewiger Geist, Du bist in mir –
und ich will bewußt in Dir sein!"

Nach diesem kurzen Dankgebet verharren wir ruhig und im starken Glauben im Bewußtseinszentrum der Ordnung. Wir bleiben still. Es dringt kein Gedanke in uns ein. Wir lassen die Seele beten. Es kommen dann in uns selbstlose Gebetsempfindungen. Sie steigen empor und formulieren sich zu Gedanken und zu Worten.

Nach dem Gebet der Seele begleiten wir mit unseren Empfindungen die Gebetsströme zum Wesenskern der Seele. Dort angelangt, danken wir mit unseren Worten.

Anstatt die Gebetsworte auszusprechen, können wir auch in Gedanken beten. Wir gleiten dann in Gedanken zum Bewußtsein der Ordnung hinab. Unsere Empfindungen sind dabei ganz auf unsere Gedanken ausgerichtet.

Bruder Emanuel
gab uns eine weitere Lektion. Er sprach:

Meine Freunde, liebe Schüler, es steht geschrieben: „Was ihr dem geringsten Meiner Brüder antut, das tut ihr Mir an". Was bedeutet diese Aussage?

Sie bedeutet: Was ihr eurem Nächsten in Empfindungen, Gedanken, Worten und Werken antut, das richtet sich wieder gegen euch selbst. Auf Grund eurer menschlichen, eigensüchtigen Empfindungen, Gedanken, Worte und Werke vergrößert ihr die Schatten in eurer Seele.

Sind jedoch eure Empfindungen, Gedanken, Worte und Werke selbstlos, um so größer wird das Licht in euch. Denkt ihr über euren Nächsten positiv, seht ihr in allem das Gute, das Göttliche im Menschen, bejaht ihr in allem die positive Kraft, dann wird die Seele stiller und der Mensch bewußter. Das heißt, er wird bewußter denken, sprechen und handeln. Dadurch nimmt der Ewige in Seele und Mensch – in vielen Fällen unbemerkt – die Reinigung der Seele und des Körpers vor. Durch die Reinigung verstärkt sich die Christuskraft in der Seele. Dadurch wird sie lichter und der Leib reiner und heller.

Spricht oder handelt der Mensch seinem Nächsten gegenüber jedoch negativ, so wird sich auch das Negative gegen ihn richten. Der Leib verdunkelt sich, die Seele verschattet sich, weil sich das Licht Christi in der Seele und im Leib verringert. Dadurch fällt der Mensch in lichtärmere Schwingungszonen. Die Schatten, die sich infolge falschen Verhaltens in Leib und Seele ergeben haben, bewirken sodann weitere Ursachen. Darauf baut der Mensch wieder neue Ursachen auf.

Je verschatteter Seele und Leib sind, um so weniger Geistkraft fließt beiden Körpern zu, dem Seelenkörper und dem physischen Leib. Die Folgeerscheinungen sind Müdigkeit, Lustlosigkeit und Friedlosigkeit. Die Sinne wenden sich dadurch mehr und mehr nach außen in die Welt der Sinnesreize. Dort im Äußeren sucht der ruhelose Mensch nach Kraft und Lebensenergie. Der Ausweg ist sodann in vielen Fällen die Nahrung. Infolge innerer Verarmung wünscht der Mensch immer mehr Nahrung. Er greift auch zu Alkohol und Nikotin und verlangt nach kulinarischen Genüssen.

Der Satan sprach einst zu Jesus: „Siehe, ich schenke Dir alle Schätze dieser Welt, wenn Du niederfällst und mich anbetest." Auf mannigfache Art und Weise schenkt er auch heute noch denen die Schätze dieser Welt, die sich vom ewigen Licht abwenden und der Welt, den äußeren Dingen, zuwenden, die sich in das Weltgetriebe stürzen und den Satan der Sinne anbeten.

Die Rückkehr zur Welt oder ein Leben mit der Welt sind Zeichen geistiger Verarmung. Dabei wird der Mensch immer träger und nachlässiger. Träge, nachlässige Menschen, die nur weltbezogen sind, altern

Die Maßstäbe des Eltern-Ichs

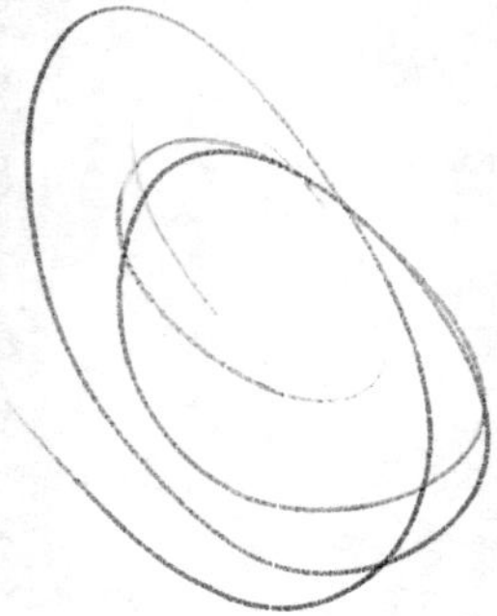

wesentlich schneller als geistige Menschen, Menschen der Tat. Trotz Pflege des Körpers, trotz Bädern und Kuren drückt sich die innere Verarmung im Äußeren aus.

Mit folgenden Worten ermutigte uns Gabriele:

Lieber Bruder, liebe Schwester, wer von uns möchte nicht jung bleiben? Trotz des Alterungsprozesses streben wir immer wieder die Jugend an. Das ist ein inneres Ahnen, ein Ahnen der Seele, die von ihrer ewigen Jugend weiß.

Bruder Emanuel
sprach folgendes zu uns:

Meine Freunde, Menschen des Geistes altern nicht – sie welken.

Was bedeutet es zu welken? Erkennt: Ein dahinwelkendes Blatt am Baum kann wunderschön sein. Wer spricht von dem „alten" Blatt? Doch nur der, der selbst alt ist!

Er sprach weiter:

Meine Freunde, ich wünsche euch die geistige Initiative. Ich wünsche euch von ganzem Herzen, daß ihr den Pfad nach Innen freudig beschreitet. Denn in der geistigen Freude liegt die Dynamik der Seele und des Leibes und auch die innere Jugend.

Je mehr Geistkraft durch Seele und Mensch strömt, um so dynamischer und jugendlicher ist der Mensch. Auch in fortgeschrittenen Jahren wird die Körperhaltung eines Menschen aufrecht sein, da seine Gesinnung aufrecht ist. Das Wesen eines durchgeistigten Menschen ist strahlend, liebevoll und erfüllt von innerer Kraft und Dynamik. Obwohl nach den Naturgesetzen das Äußere welkt, so bleibt in ihm doch die Spur innerer, ewiger Jugend erhalten.

Gabriele:

Lieber Bruder, liebe Schwester, die Geschwister auf dem Inneren Weg schmunzelten, als Bruder Emanuel sprach:

Meine Brüder und meine Schwestern, es lohnt sich also, diesen Inneren Weg zu gehen – allein schon, um nicht zu altern.

Wir sehen, auch die geistige Welt gewinnt uns ein ...cheln über uns selbst ab.

Bruder Emanuel
ermunterte uns zur inneren Freiheit:

... los, meine Freunde, laßt los die Vergangenheit! ...uch nicht Sorgen um die Zukunft. Der Geist ... Herrn ist euch so nahe. Er, der Allmächtige, möchte in euch wirksam werden und euch die Fülle schenken.

Je mehr ihr diesem ewigen Geist huldigt, indem ihr die Gesetze erfüllt, um so reicher werdet ihr in eurem Inneren werden. Euer Leben wird still und freudig sein. Menschen, die sich Gott anvertrauen, werden wahrlich das erhalten, was sie benötigen – und darüber hinaus. Menschen, die vom Geiste der Liebe durchdrungen sind, sind glücklich, froh und dankbar. Die Spontanität ihres Inneren ist auch die Spontanität des Äußeren.

Unsere Schwester Gabriele sagte:

Lieber Bruder, liebe Schwester! Bruder Emanuel, unser Geistiger Lehrer, möchte mit seinen Worten, die aus seinem Herzen fließen, ganz auf uns zugehen. Er sprach und spricht zu uns:

Meine geliebten Brüder und Schwestern, aus meinem ganzen Herzen, mit meinen ganzen geistigen Empfindungen, möchte ich euch aufmuntern, diesen Inneren Weg zu wandeln.

O erkennt in meinen Worten die Kraft und die Liebe eures Lehrers, die euch zuströmt! Ich möchte euch herausführen aus der Bedrängnis des Alltags, hin zu dem ewigen Frieden in euch – zu Christus.

Wahrlich, Freunde, wer zu dem inneren Frieden gefunden hat, der kann wieder Frieden geben. Er ist der Friedensbringer, den diese Welt benötigt. Ein Reich des Friedens kann nur von friedvollen Menschen aufgebaut und geführt werden. Was nützen all die äußeren Dinge, wenn der Mensch nicht mit Frieden, Freude und Dynamik erfüllt ist?

Christus, euer Erlöser, spricht vom Friedensreich. Ihr alle seid gerufen, mit Ihm dieses Reich des Friedens zu gründen und zu erbauen. Jeder möge die Aufgabe, diese große, gewaltige Aufgabe, in sich selbst erkennen. Jeder muß zuerst in sich zum Frieden erwachen, um in der Welt Frieden zu bringen. Daher sollte sich jeder verantwortlich fühlen, damit das Reich des Friedens erstehen kann. Es kann jedoch nur dann werden, wenn ihr werdet!

Liebe Freunde, wenn ihr freudig, dankbar und erfüllt diesen Weg innerer Liebe und inneren Friedens wandelt und wenn ihr friedvoll seid, dann beflügelt euch die Seligkeit, die ihr sodann allen bringen könnt, die nach Gerechtigkeit dürsten. Gerecht ist nur d e r seinem Nächsten gegenüber, der zu sich selbst gerecht ist, in Gedanken, Worten und Werken, dessen Empfindungen und Gedanken gleich seinen Worten sind. Wer zu sich selbst gerecht ist, der hat zum inneren Frieden gefunden, und der ist der Miterbauer des Reiches Gottes.

Meine Freunde, Worte sagen wenig. Erfaßt den S i n n meiner Worte und erkennet, daß der Innere Weg notwendig ist, damit das Reich des Friedens erstehen kann. Wer also auf dem Inneren Weg erfolgreich wandelt, der ist wahrlich der Miterbauer des Reiches Gottes auf Erden. Er wird nach diesem Leben

siegreich in die ewige Heimat zurückkehren. Dort wird er kein Fremdling sein.

Meine Freunde, meine geliebten Brüder und Schwestern, verwirklicht und erfüllt freudig die Aufgaben! Freut euch jedesmal aufs neue, wenn die Zeit da ist, zu der ihr wieder das Seelengebet erfüllen könnt. Das Seelengebet bewirkt immer wieder eine neue Ausrichtung und zugleich eine weitere Veredelung.

Meine Freunde, meine geliebten Brüder und Schwestern, möge der Segen des Allmächtigen euch täglich mehr stützen und anregen, das durchzuführen, was notwendig ist, um den inneren Frieden zu finden, um bald aus dem ewigen Bewußtsein schöpfen zu können, denn der Geist soll bewußt die Materie beherrschen.

Gott zum Gruß, meine Freunde!

Bruder Emanuel
gab eine kurze **Zusammenfassung**
des vierten Vortrages zur Ordnungsstufe:

Vor dem Sieg steht der Kampf mit den niederen Mächten, mit den niederen Empfindungen, Gedanken, Worten und Handlungen, mit den äußeren Sinnen, die nach Wohlleben trachten, nach dem inkonsequenten Leben. Die Sinne des Menschen sind so lange bestrebt, Seele und Mensch nach außen zu ziehen, zu Verlokkungen anzuregen, bis der Mensch seinem niederen Ich gebietet und höhere Kräfte zur Wirkung kommen läßt.

Die nun folgende Aussage ist für jeden Schüler auf dem Inneren Weg wesentlich:

Wer in allem, was lebt, das Göttliche bejaht und die göttlichen Gesetze verwirklicht, nimmt auch die positiven Kräfte der Natur und Gestirne auf. Wer Kräfte der Liebe aussendet, der wird um ein Vielfaches Kräfte der Liebe empfangen.

Eine weitere wichtige Aussage:
Der Weg nach Innen ist der Weg der Liebe. Aus Liebe zu Gott sollte der Wanderer zum Königreich des Inneren allmählich das Menschliche lassen, das Geistige bejahen und im täglichen Leben gesetzmäßig anwenden.

Gabriele:

Lieber Bruder, liebe Schwester, ich darf dich noch einmal an die Gehörlehre erinnern, an die Aufgaben, die für uns wichtig sind, um aus unserem Inneren allmählich unser Ich herauszuholen, das, was uns noch unbewußt ist und doch Schwierigkeiten bereitet, das uns nicht in die Einheit mit allen Menschen und mit Gott finden läßt.

Liebes Geschwister, ich möchte dich auch noch einmal an die Bewußtseinsstützen erinnern, die uns Hilfe auf dem Weg sind, wenn uns aufkommende Neugierde, Wünsche und Sehnsüchte übermannen wollen. Trotz dieser Übungen werden wir unsere Tätigkeit – gleich, wohin wir gestellt sind – ordnungsgemäß erfüllen, doch in innerer Harmonie, ausgerichtet auf die Kraft, der wir zustreben.

Ich darf wiederholen: In allen lauten Dissonanzen sollen wir auch das Göttliche sehen, denn in allem - auch im lauten Ton – ist das Göttliche, nur verkapselt von dem, was wir in Empfindungen, Gedanken, Worten und Werken ausgesandt haben. Kein Ton könnte entstehen, wenn nicht auch in ihm die harmonische Kraft wäre. Die göttliche Kraft wird zum Teil vom Menschen überlagert oder umgewandelt zu einem lauten, schrillen Ton, so wie wir vieles umwandeln, das uns sodann zum Verhängnis werden kann. Durch die Stetigkeit, nur die positiven, harmonischen Töne zu bejahen, bilden wir um uns einen geistigen Kokon, der allmählich um uns die schrillen Töne mildert und sie nicht in vollem Maße einwirken läßt.

Liebe Schwester, lieber Bruder, vergiß bitte nicht, sowohl an den Innen- wie auch an den Außentagen, deine Empfindungen und Gedanken zu notieren. In späterer Zeit wirst du erkennen, wie wertvoll diese Notizen für dich sind, denn du erfährst daraus, daß du doch schon einige Schritte auf dem Inneren Weg getan hast.

Wir sollen uns verfeinern. Die grobe Struktur Mensch soll sich veredeln und vergeistigen. Dazu gehört auch die Verfeinerung des Geruchs- und Geschmackssinns. Bitte, achte darauf, daß alles, was sich nach außen gekehrt hat, grob, das heißt auch ungestüm ist. Durch das Beachten der göttlichen Gesetze – indem wir unsere Gedanken ordnen, unsere Rede zügeln und unsere Sinne bemeistern – werden wir von höheren

Schwingungen erfaßt und durchströmt, die sodann die sich adelnde Seele immer mehr zu erkennen geben.

Nun gebe ich einen Satz zum Nachdenken:

> *Wer sich an der Schönheit und an dem Duft der Blumen, Sträucher und Bäume erfreut, wer in diesen Lebensformen die göttliche Liebe empfindet, der verstärkt die Harmonie in seiner Seele und in seinem Körper.*

Lieber Bruder, liebe Schwester, denke auch bei der Nahrungsaufnahme daran, daß du deinen Geruchs- und Geschmackssinn veredeln möchtest. Setze dich beim Essen aufrecht hin und bemühe dich, nicht hastig zu essen, kaue den Bissen gut, schlucke das Gekaute hinab und dann erst nimm wieder den weiteren Bissen auf den Löffel oder auf die Gabel und führe ihn dem Mund zu. Vollziehe dies bewußt, und du wirst erkennen, welch Harmonie und Friede dich auch während der Mahlzeiten überkommen. Dann ist die Nahrungsaufnahme eine bewußte meditative Dankübung. Das gleiche gilt auch bei der Aufnahme von Flüssigkeit. Wir sollen den Inhalt des Glases nicht auf einmal hinunterschlucken, sondern schluckweise trinken. Das Getränk soll nicht zu heiß, aber auch nicht zu kalt sein.

Bruder Emanuel offenbarte:

Verfeinern sich die Sinne des Menschen, dann verfeinert sich auch die gesamte Struktur des Körpers.

Dabei werden auch die Seelenhüllen lichter, und die Seele wird edler. Auf Grund der äußeren Verfeinerung verfeinert sich auch das Innere. Durch die Verfeinerung der äußeren Sinne verändert sich auch gleichzeitig die atomare Struktur der Seele: Die geistigen Atome wenden sich allmählich dem Wesenskern zu, dem Herzen der Seele.

Gabriele
wiederholte wesentliche Aussagen:

Liebe Schwester, lieber Bruder, wir müssen Erfahrungen sammeln, damit wir auch bereit sind, den geistigen Weg mehr und mehr zu gehen. Haben wir Erfahrungen, was sich sowohl an den Innen- wie auch an den Außentagen in und an uns vollzieht, dann werden wir freudig an die nächste Übung gehen und die derzeitige Übung immer wieder wiederholen.

Wir müssen frei werden von unserem menschlichen Ich. Das niedere Ich bindet sich an diese und an jene Wünsche. Das niedere Ich bindet sich an Menschen und will Menschen an sich binden.

Binden heißt auch eine Erwartungshaltung haben: Ich erwarte, daß mein Nächster dies und jenes tut; ich erwarte, daß er sich so und so verhält. Solange wir uns in der Erwartungshaltung befinden, solange wir von unserem Nächsten etwas erwarten – daß er dies oder jenes tue –, so lange sind wir unfrei. Wir sind an unser Ich und mit unserem Ich an Menschen, Dinge, Wünsche und Vorstellungen gebunden.

Ein weiterer wichtiger Satz für uns:

Ist unser Sinnen und Trachten nach innen gerichtet, zu dem, der die Fülle ist, wollen wir Gott gefallen und nicht den Menschen, dann werden wir auch empfangen, was wir benötigen – denn Gott schenkt sich uns in dem Maße, wie wir uns für Ihn öffnen.
Je reiner unsere Seele wird, um so mehr werden wir auch im Äußeren erhalten. Denn die Fülle kommt auf den zu, der im Herzen, in der Seele, die Fülle erschlossen hat.

Liebe Schwester, lieber Bruder, bereinige deine Vergangenheit. Wer in Gott lebt, der lebt nicht mehr in der Vergangenheit und denkt auch nicht mehr angsterfüllt an die Zukunft. Er lebt in der Gegenwart! Wer im Jetzt, in der Gegenwart, lebt, in dem lebt und durch den lebt Gott. Die Seele wird von Adlersflügeln getragen.

Selbstlose Liebe bringt innere Freiheit. Wer zur inneren Freiheit gefunden hat, der hat wahre Größe. Haben wir die Vergangenheit weitgehend gemeistert und bemühen wir uns, in der Gegenwart zu leben, dann wird Gott, der allmächtige Geist, die Zukunft mit uns gestalten.

Liebe Schwester, lieber Bruder, ich darf dich auch noch einmal an das Seelengebet erinnern: Bete bitte mit d e i n e n Worten. Bete so, wie es in deinen

Empfindungen liegt! Lasse es aus deinem Inneren heraus beten oder in deinem Inneren beten. Jeder von uns muß es an sich selbst erfahren, was für ihn augenblicklich besser ist: das laute Gebet, das Gebet mit Worten, oder das stille Gebet, das Gebet in Gedanken.

Wir lassen die folgende Aussage des Herrn in uns nachschwingen: „Was ihr dem geringsten Meiner Brüder antut, das tut ihr Mir an.“ Diese Aussage bedeutet: Was wir unserem Nächsten in Empfindungen, Gedanken, Worten und Werken antun, das richtet sich wieder gegen uns selbst.

Denken wir über unseren Nächsten positiv, sehen wir in ihm das Gute, das Göttliche, dann wird auch unsere Seele stiller werden. Unbemerkt nimmt der Ewige in Seele und Mensch die Reinigung vor. Dadurch verstärkt sich die Christuskraft in unserer Seele. Die Seele wird lichter und der Leib heller.

Sprechen wir jedoch über unseren Nächsten negativ, so wird sich auch das Negative gegen uns richten. Der Leib verdunkelt sich, die Seele verschattet sich, weil sich in unserer Seele das Licht Christi verringert. Der Mensch fällt in lichtärmere Schwingungszonen. Die Schatten, die sich infolge falschen Verhaltens in Seele und Leib ergeben haben, bewirken sodann weitere Ursachen. Darauf können wir wieder neue Ursachen bauen.

Je mehr Schatten in Seele und Leib sind, um so weniger Geistkraft fließt beiden Körpern zu, dem Seelenkörper und dem physischen Leib. Die Folgeerscheinungen sind Müdigkeit, Lustlosigkeit und Friedlosig-

keit. Dadurch wenden sich die Sinne wieder mehr und mehr nach außen in die Welt der Sinnesreize. Dort, im Äußeren, sucht sodann der ruhelose Mensch nach Kraft und Lebensenergie. Der Ausweg sind sodann oftmals große Mengen von Nahrung und Genuß- und Betäubungsmitteln. Wir greifen sodann auch zu Alkohol und Nikotin und verlangen immer mehr kulinarische Genüsse. Das sind Zeichen geistiger Verarmung. Dadurch wird der Mensch immer träger und nachlässiger. Wird einem solchen Menschen eine Aufgabe übertragen, die er nicht gewillt ist durchzuführen, dann fällt er sofort in Resignation, da er aus seiner Lethargie herausgerissen wurde.

Jede Resignation führt wieder zu gegensätzlichen Empfindungen und Gedanken. Diese bewirken unter Umständen wiederum weitere Ursachen und einen Rückfall in weitere alte menschliche Regungen und Neigungen. Solche Menschen altern sehr schnell. In der Mitte ihres Lebens können sie schon unansehnlich aussehen. Sie können voluminös sein und schwer an der Last ihrer Gedanken und ihrer eigenen Werke tragen. Der Körper ist nach vorne gebeut, der Rumpf ist unansehnlich.

Unsere Schwester Gabriele
wiederholte eine Aussage Bruder Emanuels:
Menschen des Geistes altern nicht, sie welken nur!

Erkennt diesen gewaltigen Unterschied: Wir altern nicht – wir welken. Das bedeutet, daß die innere Jugend vorhanden bleibt, die Dynamik durch die Kraft des Geistes bis ins hohe Alter vorhanden ist. Es welkt also nur unser Körper, da dies naturbedingt ist; die durchgeistigte Seele und der durchgeistigte Mensch altern nicht.

Bruder Emanuel sprach hierzu
folgende Worte:

Ein dahinwelkendes Blatt am Baum kann wunderschön sein. Wer spricht hier von dem alten Blatt? Doch nur der, der selbst alt ist!

*Auch diese Aussagen von Bruder Emanuel,
die unsere Schwester sinngemäß wiederholte,
sind für uns von Bedeutung:*

Je mehr Geistkraft durch Seele und Mensch strömen, um so dynamischer ist der Mensch. Auch in den fortgeschrittenen Jahren seines irdischen Lebens wird ein geistiger Mensch aufrecht gehen, da seine Gesinnung aufrichtig ist. Das Wesen eines durchgeistigten Menschen ist strahlend, liebevoll und erfüllt von innerer Kraft und Dynamik.

Meine Brüder und Schwestern, es lohnt sich also, den Inneren Pfad zu gehen – allein schon, um nicht zu altern.

Die Gelassenheit eines Geistwesens kann uns ungeschminkt solches sagen.

Der Weg nach Innen bewirkt also in uns Freiheit und Frieden. Deshalb sollen wir ihn freudig gehen, damit wir den Adel unserer Seele erlangen. Menschen, die vom Geiste der Liebe durchdrungen sind, werden glücklich, froh und dankbar. Die Spontanität ihres Inneren ist auch die Spontanität ihres Äußeren.

Lieber Bruder, liebe Schwester, wir wollen uns bemühen, den Willen unseres himmlischen Vaters zu erfüllen, damit Sein Geist bewußt die Materie beherrschen kann.

Wir wünschen dir Seine Kraft und Seine Liebe, damit du auf dem Inneren Weg stetig vorankommst!

Möge uns Seine Liebe verbinden und Sein Friede durch uns strömen!

Möge Seine Kraft uns immer näher zu Ihm führen, der unser Leben ist – Gott!

Der Friede des Allmächtigen ist mit uns.
In geistiger Verbundenheit grüßen dich
die Geschwister des Universellen Lebens.

Gott zum Gruß, lieber Bruder, liebe Schwester!

Gabriele

6. Die Schulung des Tastsinnes

Der unkontrollierte Tastsinn – Sieben mal sieben Bewußtseinsaspekte – Der Mensch als Spielball der äußeren Sinne – Alles ist Schwingung – Der Mensch als Zielscheibe verschiedener Kräfte

Aufgabe: Bewußtes Tasten; Wechsel von Außen- und Innentagen – Aufrichtige Gesinnung und aufrechte Körperhaltung – Übermäßiges Gestikulieren und harmonische Haltung

Aufgabe: „Ausflug“ in den Kosmos – Kommunikation mit den schönen, positiven Kräften in allem – Fragen an Frauen und Männer (die zweite Maske, Bart und langes Haar, Kleidung) – „Humor“, Kleidung und Feste der Liebe in der geistigen Welt – Zusammenfassung

—

Zu Beginn der neuen Lektion
aus dem Geiste Gottes
sprach unsere Schwester Gabriele zu uns:

Gott zum Gruß, lieber Bruder, liebe Schwester!

Der Friede des Herrn möge uns alle beseelen, damit wir die weiteren Lehren, Aufgaben und Fragen erkennen und verwirklichen können, die uns Bruder Emanuel, unser Geistiger Lehrer, am 13.4.1985 offenbart hat.

Wir haben gehört, daß wir die fünf Sinne verfeinern sollen, damit wir unserem Ursprung näherkommen. Die Schulung der Empfindungen, Gedanken, der Worte und der fünf Sinne ist der Lehrstoff der geistigen Ordnungsstufe. Unser Lehrer, Bruder Emanuel, erinnert uns immer wieder, den Weg nach Innen freudig zu beschreiten, ausgerichtet auf die höchste Liebe, auf Gott.

Zur Verfeinerung der vier Sinne wurden bereits Aufgaben gegeben. Wir müssen täglich unsere Sinne neu ausrichten und uns immer wieder auf das positive Denken besinnen, bis wir so weit gereift sind, daß wir grundsätzlich alles von innen her tun; bis es uns möglich ist, aus unserem erschlossenen Bewußtsein zu schöpfen und uns von innen her führen lassen zu können. Das ist dann Bewußtheit; das ist zielbewußtes und aufbauendes Leben.

Der fünfte Sinn, den wir nun ansprechen, ist der Tastsinn.

Lieber Bruder, liebe Schwester, wenn wir die fünf Sinne aus der Sicht des Geistes betrachten, erkennen wir: Was das physische Auge wahrnimmt, möchte in vielen Fällen die Hand betasten. Was die Nase an Gerüchen und Düften aufnimmt, will das Auge sehen. Gleichzeitig reagiert auch der Tastsinn: Der Mensch greift zum Beispiel nach dem Gegenstand mit dem duftenden Inhalt und führt ihn zur Nase. Getrieben vom Küchenduft, geht er zum Herd, hebt die Abdeckung des Topfes, in dem der duftende Inhalt kocht, und „steckt die Nase hinein“, um den Geruch voll aufzunehmen.

Mit solchen und ähnlichen Fällen könnten wir fortfahren. Es wäre möglich, viele Beispiele aufzuzählen.

Sind wir in der Stadt, in einem Kaufhaus, sehen wir einen hübschen Stoff, dann treibt uns der Tastsinn, den Stoff anzufassen. Sehen wir Möbel in verschiedenen Farben und Formen - und ist es uns möglich, sie näher zu betrachten -, dann wollen wir sie auch betasten, um sie zu prüfen und uns darüber Gedanken zu machen. Gehen wir durch den Garten oder machen wir einen Spaziergang durch Feld und Wald und sehen wir die schönen Blumen, dann treiben uns eventuell wieder der Seh-, Geruchs- und Tastsinn. Wir wollen die Blumen genauer betrachten, sie beriechen und betasten.

Unsere fünf Sinne steuern unmerklich unser Gemüt - auch unsere Gedanken- und Empfindungswelt. Auch unsere Wünsche und Vorstellungen werden von den fünf Sinnen angeregt. Dadurch werden wir veranlaßt, dem Wunsch der Sinne nachzugehen und durch die Gedanken zu verstärken, was an Wünschen, Vorstellungen, an Menschlichem oder Geistigem in uns liegt. So sind wir also von unseren Sinnen gesteuert. Deshalb müssen wir sie verfeinern.

Wer also seine Sinne nicht geordnet hat, bemüht sich beständig, das zu betasten, was er sieht und registriert. Der Gehörsinn zum Beispiel treibt uns an das Fenster, wenn draußen der Nachbar mit dem Nachbarn spricht. Hastig und unkontrolliert gehen wir auf das Fenster oder auf die Balkontüre zu, um sie zu öffnen und uns eventuell über den Balkon zu beugen, um zu lauschen, was die beiden Nachbarn zu besprechen haben.

All diese Regungen und Neigungen sind menschlich und führen uns, je öfter wir ihnen nachgehen, immer mehr in die Welt der Sinnesreize. Dadurch steigern sich die Neugierde, das Triebleben, die Genußsucht und vieles mehr. Unsere unkontrollierten Sinne führen uns immer mehr nach außen, wodurch die Wünsche an die Welt immer größer werden. Unser Wunschdenken regt verstärkt das Denken an Besitzen-, Sein- und Habenwollen an. Daraus entstehen Neid, Feindschaft und Mißgunst, sofern wir uns Gleiches oder Ähnliches wünschen.

Alles beruht auf Schwingung. Wir wissen, daß jeder von uns auf einer anderen Bewußtseinsstufe steht, entsprechend seinem Denken und Leben. Solange wir Menschen noch Individuen sind, umwölkt mit unserem niederen Ich, sind wir mit unserem Nächsten selten gesinnungsgleich.

Jede geistige Bewußtseinsstufe - es sind im ganzen sieben - beinhaltet wieder alle anderen Stufen. So hat jede Grundstufe des Bewußtseins, als Ganzes gesehen, sieben Aspekte, sieben Spektrallichter. Diese entströmen der Urkraft als e i n e Kraft, als e i n Strahl. Sie werden in den Prismensonnen, die um die Urzentralsonne kreisen, zerlegt. So hat auch die Ordnungsstufe insgesamt sieben Bewußtseinsaspekte. Sie beinhaltet alle anderen geistigen Stufen des Bewußtseins: Wille, Weisheit, Ernst, Geduld, Liebe und Barmherzigkeit.

Das geistige Erbe, das uns Gott geschenkt hat, sind die sieben mal sieben Kräfte - es ist das Absolute Gesetz Gott; es ist die Fülle der Unendlichkeit; es ist das Bewußtsein Gott; es ist unser Leben. Das Leben - unser Leben - müssen wir wieder entdecken durch Erkennen der Gesetze und durch die Verwirklichung. Dann finden wir wieder in die Fülle, zurück ins Vaterhaus, in das Gesetz, das wir sind und das uns geschaffen hat.

Über gesetzmäßiges Denken, rechtes Handeln und somit geistiges Leben - indem wir uns dem Willen Gottes unterordnen - finden wir wieder zurück zum Ursprung der Quelle, von wo wir einst ausgegangen sind. Uns ist also geboten, die sieben Grundkräfte des Lebens zu erschließen, frei zu werden, um eins mit Gott zu sein.

Um alle sieben Grundkräfte zu erschließen, müssen wir bei der ersten Grundkraft beginnen, bei der Ordnung. Deshalb bemühen wir uns, unsere Gedanken zu ordnen, unsere Rede zu zügeln und unsere Sinne zu bemeistern, um ein stabiles Fundament zu erlangen, auf das wir die weiteren geistigen Stufen errichten können. Deshalb ist der Satz, den uns Bruder Emanuel 1985 gab, von großer Bedeutung für unser Leben. Er gilt für alle geistigen Stufen, auf denen wir stehen oder die es zu entwickeln gilt. Er lautet:

> *So, wie der Mensch empfindet, denkt und lebt, so ist er. Das ist sein Wesen. Das ist sein Erkenntnisbereich, sein entwickeltes Bewußtsein.*

Lieber Bruder, liebe Schwester, diesen Merksatz notiere dir in dein Mystisches Tagebuch. Er ist wesent-

lich auf dem Inneren Weg und kann auf jeder Stufe wieder neu entdeckt werden. Ich wiederhole sinngemäß die Aussage von Bruder Emanuel:

> *So, wie der Mensch empfindet, denkt und lebt, so ist er. Das ist sein Wesen. Das ist sein Erkenntnisbereich und der Stand seines entwickelten Bewußtseins.*

Lieber Bruder, liebe Schwester! Solange unsere fünf Sinne immer noch der materiellen Welt zugewandt sind, möchten wir, wenn möglich, alles sehen, alles erhorchen, angenehme Gerüche riechen, gute Speisen und Getränke kosten und alles, was wir greifen können, betasten. Das heißt nicht, daß wir alles Schöne und Angenehme aufgeben, ja lassen sollen. Es bedeutet: Wir sollen nicht danach gieren, sondern dabei dankbar empfinden - und uns davon nicht versklaven lassen. Jegliche Übertreibung, wie zum Beispiel der Fanatismus oder das Sichgehenlassen, führt nicht zur inneren Stille.

Wir wissen, unsere fünf Sinne gleichen fünf Antennen. Die fünf Sinne - die Antennen - sind beständig darauf bedacht, uns - dem Empfänger Mensch - alles zu übermitteln, was dieser sich wünscht, was er fassen und erfassen kann. Sind unsere fünf Sinne nicht geläutert und veredelt, sondern sind wir noch von unseren Sinnen getrieben, dann können wir auch nicht von innen heraus leben. Unsere fünf nach außen gerichte-

ten Sinne erfassen uns täglich neu und machen uns dann zum Spielball unserer Wünsche, Leidenschaften und Triebhaftigkeiten.

Wenn wir uns selbst betrachten und unsere fünf Sinne beobachten, so müssen wir erkennen: So, wie unsere Sinne sind, so sind wir selbst. Wir sind also das Produkt unserer fünf Sinne.

Deshalb können wir sagen: Unsere fünf Sinne sind wir letzten Endes selbst. Verfeinern wir sie nicht, lernen wir sie nicht zu beherrschen, dann machen sie aus uns ein willenloses Subjekt, das einmal dahin und einmal dorthin getrieben wird - so, wie es die unkontrollierten Sinne wollen. Das Spiel der Sinne mit dem Menschen kann zu weiteren seelischen Belastungen führen, sofern der Mensch sie nicht unter Kontrolle bekommt, da sie verstärkt auf die Empfindungs- und Gedankenwelt einwirken.

Wer also seinen Sinnen freies Spiel läßt, der nimmt viele Schwingungen auf, die seinen Entsprechungen gleichen oder ähnlich sind. Er begibt sich kraft seiner fünf Sinne - die ihn steuern und gängeln - einmal in diesen, dann in jenen Schwingungsbereich. Er ist also ein Spielball der Sinne. Wir Menschen sind so lange ein Spielball unserer Sinne, bis wir diese unter Kontrolle gebracht haben. Haben wir unsere Sinne und Gedanken veredelt, dann werden wir immer mehr von innen nach außen leben, denn das Ziel des Inneren Weges ist, von außen nach innen zum Königreich des Inneren zu wandern und sodann von dort aus zu empfinden, zu denken und zu handeln.

Sobald unsere Sinne, unsere Empfindungen und Gedanken veredelt sind und dem Inneren Leben gehorchen, werden wir nur noch betasten und anfassen, was notwendig ist - und wir werden das bewußt tun, das heißt, in der Gottverbundenheit, und dabei aus unserem Inneren heraus empfinden und denken.

Ist also unser Denken, Fühlen und Wollen dem Ewigen untergeordnet, dann sind wir auch gegen die vielen gegensätzlichen Schwingungen geschützt - auch gegen Viren und schädliche Bakterien, die in uns eindringen können, wenn wir weltbezogen sind.

Bruder Emanuel offenbarte folgendes:

Unwissende Menschen betasten all das, wessen sie habhaft werden können - und was sie interessiert. Menschen betasten also Möbel, Stoffe, Kleider und viele andere Gegenstände. Überall lassen sie ihre Spuren, das heißt, ihre Schwingungen, zurück. An jedem Stuhl zum Beispiel sind unzählige Schwingungen der Menschen, die diesen Stuhl über Jahre hinweg benutzt haben. An allen materiellen Gegenständen sind Schwingungen aller Art. Wer also seinem Tastsinn nicht gebieten kann, da er seine fünf Sinne nicht weitgehend verfeinert und unter Kontrolle hat, wer also noch in und mit der Welt der Sinne lebt - und dadurch diesseitsbezogen und nicht gottbewußt ist -, der nimmt alle Schwingungen an und in sich auf, die auf seiner Bewußtseinsebene schwingen, und er infiziert und identifiziert sich damit.

Gabriele:

Die Schwingungen, die wir mit unserem Tastsinn, mit unseren Händen aufnehmen, fließen zuerst in unsere Aura. Unsere Aura ist der Spiegel unserer Seele und unseres Ober- und Unterbewußtseins.

Sowohl im Oberbewußtsein wie auch im Unterbewußtsein - und auch in den Seelenhüllen und in den Seelenpartikeln - befinden sich Entsprechungen und Erinnerungen und werdende Entsprechungen. All das sind Gedankenkomplexe, das heißt Energiefelder, die wir durch falsches Denken und Handeln geschaffen haben. Die einen sind mehr, die anderen weniger stark. Das sind unsere seelischen und physischen Belastungen, die, je nach Intensität des einzelnen Gedankenkomplexes, mehr oder weniger stark schwingen.

Hierzu unser Geistiger Lehrer,
Bruder Emanuel:

Ein Gedankenkomplex - auch Energiefeld genannt - kann sich verstärken und erweitern, wenn ein und derselbe Gedanke immer wieder gedacht wird. Ein Gedanke nach dem anderen reiht sich an die Entsprechung, die schon in der Seele liegt, oder an die werdende Entsprechung und bildet so ein immer größeres gegensätzliches Energiefeld, das in der Aura magnetisch wirkt und gleich oder ähnlich schwingende Gedanken aus dem Reich der Gedanken anzieht. Auch gesühnte Belastungen, die nur noch als Erinnerungen vorhanden sind, können durch erneutes Fehlverhalten angeregt und wieder zu Entsprechungen werden.

Gabriele:

Deshalb müssen wir uns täglich bemühen, unser Menschliches unter Kontrolle zu bekommen. Das heißt nicht, daß wir uns kasteien sollen! Wir sollen uns allmählich - sukzessive - überwinden, das heißt das Menschliche - nach und nach - abbauen und nicht mehr tun.

Die Entsprechungen, die also in unserer Aura magnetisch wirken, sind Energiefelder, die alles anziehen, das sich auf dieser Wellenlänge befindet. Durch unseren unkontrollierten Tastsinn nehmen wir solche Gedankenschwingungen auf, die an dem berührten Gegenstand haften, die unseren Entsprechungen gleichen.

Zuerst fließen diese Kräfte, die Gedanken, die Wünsche und Sehnsüchte anderer, die unseren Entsprechungen gleichen, in unsere Aura. Wird von uns dann Gleiches oder Ähnliches immer wieder gedacht oder besprochen, dann berühren diese Fremdkräfte unsere Entsprechungen, entweder im Ober- oder im Unterbewußtsein oder in den Seelenhüllen, je nachdem, welche Entsprechungen in uns aktiv sind und welche Schwingungen wir aufnehmen.

Sind wir hartnäckig auf eine Sache bezogen und wollen wir unseren Willen durchsetzen, sind wir zum Beispiel neidisch, haßerfüllt und dergleichen, dann können wir Erinnerungen in unserer Seele wecken, indem wir Gegensätzliches hineinfließen lassen, das sodann wieder als Entsprechung auf uns zukommt. Erinnerungen der Seele sind Wirksamkeiten, die wir, entweder in diesem oder in einem der Vorleben, schon gesühnt haben, die also abgegolten sind. Achten wir also nicht auf unser Denken, Fühlen und Wollen und lassen wir unseren Sinnen freien Lauf, dann werden wir entweder die in uns wirksamen Entsprechungen von außen her verstärken und sogar vergrößern, oder Erinnerungen - das heißt Abgegoltenes - wieder wekken und zu Entsprechungen werden lassen.

Wir müssen also erkennen, daß ein Gedankenkomplex, eine Entsprechung, Zielscheibe verschiedener Kräfte ist, die wir von außen unkontrolliert aufnehmen.

Sind wir der Welt zugewandt, sind also unsere Sinne - unsere Antennen - nach außen gerichtet, in die Welt der Sinnesreize, dann sind wir Zielscheibe der verschiedenen Energiefelder, die sich sowohl in der Atmosphäre wie auch in den Stätten der Reinigung befinden. Auch Seelen, die ähnlich schwingen wie unsere Gedankenkomplexe, unsere Entsprechungen, können uns sodann beeinflussen. Auch Viren und schädliche Bakterien finden so Einlaß in unseren Körper.

Strahlen wir zum Beispiel Gedanken der Furcht vor einer bestimmten Krankheit, vor bestimmten Erregern, aus, dann ist die Furcht der Magnet, der anzieht, wovor wir uns fürchten. Wer also unkontrolliert lebt, das heißt, wer seine Empfindungen, Gedanken, Worte, Werke und seine Sinne unkontrolliert läßt, der ist beständig den gegensätzlichen menschlichen und astralen Kräften ausgesetzt und auch den Viren und schädlichen Bakterien.

Die Aufgabe der Seele im Erdenkleid ist es, sich zu veredeln, um sich ihrem Ziel, der Göttlichkeit, zu nähern. Leben wir mehr in der Gottverbundenheit, kommunizieren wir mit den positiven Kräften in uns, in unserem Nächsten, in der Natur und in den Gestirnen, dann werden wir auch nur positive Kräfte aufnehmen - auch die positiven Kräfte, die an den materiellen Gegenständen haften, wie zum Beispiel an Möbeln, Stühlen, Stoffen, Kleidern usw. Die positiven Kräfte dienen uns, fördern das Geistige in uns und bereiten uns für Höheres vor. Positive Kräfte tragen zur seelischen und physischen Kräftigung bei und auch zur Stimulierung unseres Nervensystems. Sie halten in vielen Fällen Viren und schädliche Bakterien ab und beflügeln unser positives Empfinden, Denken und Fühlen.

Unsere Schwester gab uns
eine weitere Aufgabe:

Lieber Bruder, liebe Schwester, wenn wir also etwas betasten - sei es im Beruf, im Haushalt oder unterwegs -, dann sollen wir es bewußt tun, von innen heraus, in der Verbindung mit dem Ewigen.

Unsere geistige Schulung auf dem Inneren Weg bewirkt also, daß wir mehr mit unserem gefestigten und erweiterten Bewußtsein arbeiten, um so dem inneren Ziel, der Liebe, dem Frieden und der Harmonie, näherzukommen. Auf diese Weise tritt auch der Adel unserer Seele hervor, da sich unsere Seele reinigt und immer mehr Licht und Kraft empfängt, die Schönheit aus den Reichen ewiger Liebe.

Liebe Schwester, lieber Bruder, wir alle wissen, daß wir Menschen oftmals nicht verstehen können oder verstehen wollen, was uns aus der geistigen Welt gelehrt wird. Daher müssen wir in vielen Fällen die Wirkungen auf unser Fehlverhalten durchleiden und am eigenen Körper erfahren. Wir wollen uns jedoch bemühen, durch Selbsterfahrung und Verwirklichung geistig zu wachsen, um nicht alle von uns geschaffenen Ursachen durchleiden zu müssen.

Wenn wir selbst erfahren, wie die von Bruder Emanuel offenbarten Lektionen und Aufgaben in und an uns wirken, dann werden wir auch bereit sein, die gegebenen Aufgaben freudig zu erfüllen und sie in die Tat umzusetzen. Dadurch können wir uns viel Leid ersparen, denn rechtzeitiges Erkennen und Beheben der von uns geschaffenen Ursachen bringt Frieden.

Wir wollen also durch diese Übungen den Tastsinn schulen und an uns selbst erfahren, wie notwendig es ist, unsere Sinne zu verfeinern.

Wir werden also wieder zwei Tage von innen nach außen leben, dann wieder zwei Tage im Äußeren, also ohne Kontrolle unserer Sinne. Diese Wechselwirkung, zwei Tage von innen nach außen leben und dann zwei Tage ohne Kontrolle unseres Menschlichen, bewirkt, daß uns aus dem Unterbewußten einiges bewußt wird -

eventuell Dinge aus der Vergangenheit, die wir dann mit der Kraft Christi umwandeln können.

An den ersten beiden Tagen, an den Innentagen, werden wir alles von innen heraus, von unserem Bewußtsein her, betasten, was notwendig ist. Wir betasten also alles bewußt, denn auf dem Inneren Weg heißt es: Was du tust, das tue ganz! Tue es also mit Bewußtsein, mit Konzentration.

Wir betasten an diesen beiden Innentagen nur das, was notwendig ist, und schalten die Neugierde aus. Das heißt, wir sollen uns nicht verkrampft geben, sondern einfach unseren Tastsinn in seiner üblichen Betätigung schulen. Wir müssen uns also nicht unbedingt da und dort anlehnen oder uns auf einen Tisch oder Stuhl stützen. Wir können auch gerade, das heißt, aufrecht stehen.

Gelingt es uns, den Tastsinn unter Kontrolle zu bekommen, dann werden wir alles, was wir betasten und wonach wir greifen, harmonisch vollziehen. Wir werden nicht hastig zugreifen und auch auf die Gegenstände und Dinge keinen übermäßigen Druck ausüben; wir werden uns nicht da und dort anlehnen oder da und dort aufstützen. Wir dürfen erkennen: Was von innen heraus, aus unserem erschlossenen Geistbewußtsein, geschieht, wird mit der Zeit harmonisch. Leicht, behend und beschwingt werden wir dann alles ausführen, was uns geboten ist.

An den beiden Außentagen lassen wir dem Tastsinn freien Lauf: Wir greifen fester zu und üben auf die Gegenstände und Dinge einen stärkeren Druck aus. Wir betasten also alles unkontrolliert, was das Auge wahrnimmt und der Tastsinn betasten möchte. Wir wollen aber auch hier keinen Fanatismus walten lassen, sondern es geschehen lassen, so wie es bisher geschah, in der Zeit, in der wir uns noch nicht bewußt auf dem Inneren Weg befunden haben. Was wir an den Innen- und Außentagen erleben, halten wir wieder in unserem Mystischen Tagebuch fest.

Lieber Bruder, liebe Schwester, halte im Mystischen Tagebuch nur das Wesentliche fest, das Wichtige der Innen- und Außentage. Was du an den Außentagen erlebst, das notiere in Stichpunkten auf die linke Seite deines Mystischen Tagebuches; was du bei den Innentagen erlebst, auf die rechte Seite. Für die Durchführung der Übungen ist dir keine Zeit gesetzt, das heißt keine Zeitspanne. Doch du sollst die Übungen nicht zu oft durchführen. Ein guter Rat: So jede dritte Woche kannst du an zwei aufeinanderfolgenden Tagen von innen heraus leben und anschließend zwei Tage lang im Äußeren (das heißt so, wie du vor dem Inneren Weg gelebt hast).

Lieber Bruder, liebe Schwester, den folgenden Satz nimm in dein Mystisches Tagebuch auf:

> *Menschen des Geistes sitzen, stehen und gehen aufrecht, da auch ihre Gesinnung aufrichtig ist.*

Auch die folgenden Sätze wären eine Bereicherung für uns. Wer sie in sein Mystisches Tagebuch aufnehmen möchte, der kann dies tun:

Menschen des Geistes gehen nicht mit gesenktem Haupt, die Augen nur auf die Erde gerichtet, sinnend, ja nachsinnend - und grübelnd über die Vergangenheit und über die Zukunft.

Der nun weiter folgende Satz ist ebenfalls eine Perle, eine Bereicherung für unser Mystisches Tagebuch. Er lautet:

Je lichter die Seele ist, um so aufrechter ist der Mensch, da seine Gesinnung seiner lichten Seele entspricht, aus der positive Kräfte strömen.

Unsere Schwester Gabriele führte uns im geistigen Lehrstoff weiter:

Lieber Bruder, liebe Schwester, nun kommen wir zum übermäßigen Gestikulieren. Auch übermäßiges Gestikulieren führt uns nach außen; das heißt, es verändert unseren Körperrhythmus, wodurch sich unser Nervensystem verkrampft.
Menschen des Geistes sind verinnerlichte Menschen, die auch bei Gesprächen - gleich, welches Thema es ist - nicht übermäßig gestikulieren. Sie bleiben in der Harmonie.

Die Allharmonie ist ausgewogener Rhythmus und Klang. Geistige, verinnerlichte Menschen werden ihre harmonische Sprache - die trotz der Worte harmoni-

scher Klang ist - mit anmutigen Gesten unterstreichen. Das ist kein Gestikulieren im üblichen Sinn, sondern ein harmonisches Mitteilen - das die geistige Sprache, die ein gehobenes Niveau hat, angenehm untermalt oder unterstreicht.

Menschen des Geistes stehen und gehen, wie dargelegt, aufrecht - so, wie ihre Gesinnung ist. Wenn sie stehen, sind die Arme nicht verschränkt und die Hände nicht ständig in Bewegung, sondern Arme und Hände gleichen sich der aufrechten Körperhaltung an. Sie hängen harmonisch nach unten oder sind in der Nähe des Gesäßes, wo sich das Ordnungszentrum befindet, ineinandergeschoben.

Unser Geistiger Lehrer, Bruder Emanuel, bemüht sich, uns hin zum wahren Gottmenschen zu führen, der sich immer mehr veredelt und das Göttliche, Reine und Schöne zum Ausdruck bringt. So sprach er zu uns - und das gilt auch heute ebenso wie damals, im Jahre 1985:

Die Hände sollten sich nicht in den Mantel- oder Rocktaschen befinden, außer es ist sehr kalt und ihr habt keine Handschuhe bereit.

Weiter Gabriele:

Hängen unsere Arme locker und harmonisch nach unten und schreiten wir harmonisch, dann beginnen die Arme, sich rhythmisch zu bewegen. Diese Haltung bewirkt, daß sich der Körper automatisch aufrichtet. Der Blick ist nicht nur auf den Boden gerichtet, son-

dern auch in die Weite - um die Kräfte der Unendlichkeit aufzunehmen. Die lockeren, rhythmischen Bewegungen unserer Arme bringen für den Organismus auch vermehrt Energie. Dieser rhythmische Körpermechanismus führt tatsächlich zu vermehrter Kraft.

Lieber Bruder, liebe Schwester, versuche es! Du sollst es an dir selbst erfahren, was es bedeutet, die Hände in den Rock- oder Manteltaschen zu halten oder die Arme rhythmisch zu bewegen. Haben wir eine aufrechte Körperhaltung erlangt, dann haften, wie schon gesagt, unsere Blicke nicht nur am Boden und nehmen so nicht nur die Schwingungen auf, die am Boden dahinschwingen, die schweren, düsteren Gedanken unserer Mitmenschen -, sondern wir nehmen vor allem die Kräfte aus dem All auf, weil unser Blick in die Weite geht. In höheren Bereichen schwingen auch höhere Kräfte!

Unsere innere Haltung wirkt sich auch in unserer Sitz- und Gehhaltung aus. Eine aufrechte Sitzhaltung und ein aufrechter Gang bewirken eine innere Befreiung, ein Weitegefühl und ein Sich-bewußt-Werden: Ich bin ein Kind des Kosmos.

Bruder Emanuel sprach uns mit „Liebe Freunde" an und ermahnte uns, sowohl den Tastsinn als auch alle anderen Sinne zu veredeln, damit die Anmut des Inneren, die Anmut des Geistwesens, durch den physischen Körper schimmern kann. Er ermahnt uns auch, uns im rechten, aufrechten Schreiten und in der gesitteten geistigen Bewegung zu üben:

Verschränkt nicht die Arme und Beine, und stützt auch nicht das Haupt in eure Hände.

Gabriele fuhr fort:

Diese Haltung deutet auf Pessimismus, Ablehnung und Nachlässigkeit hin. Eine verschränkte Körperhaltung deutet auch auf ein kompliziertes Denken hin, das einem Labyrinth gleicht. Die verschränkte Körperhaltung wirkt sich auch in der Aura des Menschen entsprechend aus: Eine nachlässige und lässige Haltung fördert und verstärkt den eventuell schon vorhandenen Pessimismus und die Überheblichkeit und Nachlässigkeit. Ein solches Verhalten kann, auf Dauer, weitere Spannungsfelder aufbauen, die sich ganz unterschiedlich entladen - je nach den Entsprechungen, die in Seele und Mensch vorliegen und wirksam sind.

Lieber Bruder, liebe Schwester! Unser Geistiger Lehrer, Bruder Emanuel, gab uns 1985 eine weitere Aufgabe. Sie hat auf dem Inneren Weg allezeit Gültigkeit, denn sie trägt wiederum zu unserer Veredelung bei.

Die nun folgende Aufgabe soll nicht nur als eine einmalige Aufgabe angesehen werden. Sie wird uns immer wieder dienen, wenn wir Gedanken oder Sorgen und Schwierigkeiten nicht bewältigen können. Schüler der Ordnungsstufe, die im Jahre 1985 diese Aufgabe ausgeführt haben, waren davon begeistert. Sie wandten diese Übung immer wieder an, wenn sie etwas nicht sogleich bewältigen konnten. Nun zu dieser Aufgabe.

Bruder Emanuel sprach:

So mancher unter euch ist noch mit Sorgen, Schwierigkeiten und Problemen behaftet. Solange ihr mitten in diesen schwingenden Komplexen lebt, glaubt ihr, sie wären wichtig und könnten nicht ohne weiteres übergeben werden.

Bruder Emanuel riet uns deshalb
zu folgender Übung:

Stellt euch empfindungsmäßig in das All, mitten in das Universum hinein. Schließt eure Augen, geht nach innen und seht euch schwebend oder stehend mitten in der Unendlichkeit, im All. Eure Schwierigkeiten und Probleme belaßt auf der Erde, wo ihr sie bewegt habt oder wo ihr Ursprung ist. Schwingt euch also empfindungsmäßig empor und sprecht folgende hochschwingende Worte, die euch beflügeln sollen, die Aufgabe leichter zu bewältigen. Sprecht diese positiven Kräfte in euer Inneres hinein:

„Ich bin ein kosmisches Wesen,
meine Heimat ist das Universum,
das All.
Ich schwinge mich empor
zu den Sonnen und Welten der Unendlichkeit.
Meine Probleme und Schwierigkeiten
bleiben auf der Erde."

Diese Worte sollen eins sein mit eurer Empfindungs- und Gedankenwelt; dann ist es euch auch möglich, diese Aufgabe erfolgreich durchzuführen.

Lieber Bruder, liebe Schwester! Befindest du dich nun empfindungsmäßig im All, dann blicke auf deine zurückgelassenen Schwierigkeiten und Probleme hinab, die im Zeitlichen, auf der Materie, haftengeblieben sind.

Gabriele:

Stehen wir über unseren Schwierigkeiten und Problemen, dann erkennen wir erst, daß sie nichtig und unwesentlich sind, daß ihnen keine allzu große Bedeutung beigemessen werden sollte. Vom Universum aus - wenn wir also einen großen Abstand zu unseren Schwierigkeiten und Problemen haben - sehen wir das Unwesentliche und Vergängliche. Von dort aus, vom All her, erkennen wir plötzlich, wie töricht es ist, sich mit belanglosen Dingen immer und immer wieder neu zu beschäftigen.

Dort im All, fern von den Problemen und Schwierigkeiten, erahnen wir, was kosmisches Bewußtsein bedeutet, was Leben in der Einheit mit dem Ewigen ist. Dort im All erahnen wir, was es bedeutet, in der Einheit mit allem Sein zu leben.

Können wir uns also empfindungsmäßig in das All hineinschwingen, in die Unendlichkeit, dann fühlen wir, daß wir Sonnen sind, die viel heller strahlen und leuchten als die unzähligen Sonnen der Ganzheit.

Gabriele ermunterte uns
und gab uns folgenden Rat:

Lieber Bruder, liebe Schwester, diese Aufgabe ist wunderbar. Übe dich und vollziehe sie in Freude, dann wirst du das Niedere, die Schwierigkeiten und Probleme, rascher überwinden.

Bruder Emanuel ermahnt uns auch, in allem, was ist, das Schöne und Gute zu sehen. Auch im Negativen, so sagt er, ist der Keim des Positiven. Sieh bewußt hinein, und du wirst nicht nur Negatives sehen, sondern auch das Positive - und das bejahe! So wirst du allmählich ein positiv ausgerichteter Mensch.

In allem ist das Leben. Kommuniziere mit den positiven Kräften in den grünenden Büschen, in den Sträuchern und Bäumen, in den blühenden Blumen, in allem, was ist. Jede Jahreszeit hat ihre Schönheit. Du kannst die Kraft Gottes, das Positive, in allem finden, im Regen, im Schnee, im Sturm und im Wind; in der Kälte, Wärme und Hitze.

Bruder Emanuel sprach:

Klage nicht, sondern nimm alles an, was der Tag bringt, und sieh in allem das Positive. Dann wird jeder Tag für dich ein ereignisreicher, gottgelebter Tag sein.

Gabriele:

Üben wir uns also, in allem das Gute zu sehen und mit den Kräften der Liebe zu kommunizieren, dann werden wir bewußt ein Teil des großen Ganzen sein.

Sind wir bereit, unsere menschlichen Schwierigkeiten, Probleme und Nöte abzulegen, dann werden wir auf dem Pfad nach Innen rascher vorankommen, weil sich auch unsere fünf Sinne schneller verfeinern und sich die Antennen, die Sinne, nach innen wenden, zum Wesenskern unserer Seele. Was sodann von innen nach außen strahlt, ist die Reinheit des Wesens, die lichte Seele, die Anmut des Geistwesens.

Liebe Schwester, lieber Bruder! Unser Geistiger Lehrer, Bruder Emanuel, stellte 1985 den Geschwistern der Ordnungsstufe einige Fragen. Diese Fragen betreffen wohl jeden. Er sprach:

Liebe Geschwister!

Nun möchte ich mich mit einigen Fragen vorsichtig an euch herantasten.

Ich möchte diese Fragen den weiblichen und männlichen Prinzipien, den Frauen und Männern, vorlegen und sie bitten, darüber nachzudenken und sich selbst die Antwort zu geben.

Behutsam gehe ich nun mit meiner Fragestellung auf die weiblichen Prinzipien zu:

Warum bekleiden sich viele Frauen mit langen Hosen? Ist das weiblich? Ist das schön? – Warum bedarf es des künstlich gelockten Haares? Warum der künstlichen Farbe auf dem Haar?

So viele Menschen tragen noch Masken. Warum muß eine zweite Maske aufgelegt werden, die durch verschiedene Pasten und Farben die erste überdeckt? – O erkennet, wenn die innere Anmut mit zarten Tönen unterstrichen wird, dann ist nichts einzuwenden. Doch eine zweite Maske ist allzu maskenhaft, wenn die erste noch nicht abgelegt ist.

Der Geist macht für die dreidimensionale Welt für jede Zeitepoche entsprechende Zugeständnisse, soweit sie mit dem ewigen Gesetz vereinbar sind. Deshalb sind lange Hosen bei großer Kälte oder im Garten, eventuell im Haus oder bei Wanderungen noch zu bejahen. Warum müssen es aber generell lange Hosen sein, die unsere weiblichen Prinzipien so streng und männlich machen?

Liebe Schwestern, ich lege euch die Fragen zur Beantwortung vor. Ihr könnt untereinander darüber sprechen. Ich weiß sehr wohl, weshalb ich meine Fragen so vorsichtig wähle. Mit den Fragen möchte ich euch zu nichts zwingen. Der Geist des Lebens möchte nur die Seele und den Menschen veredeln.

Liebe Geschwister, auch Farben, Formen und Töne wirken auf Seele und Mensch ein. Leichte Farben und harmonische Töne stimulieren die Seele und das Gemüt des Menschen.

Bruder Emanuel sprach dann
zu den männlichen Prinzipien. Er sagte:

Ich will sie nicht verschonen:

Warum tragen einige unter euch langes Haar und einen Bart? Welche Idole habt ihr vor Augen? Oder wollt ihr euch hinter dem Bart verstecken? Was also wollt ihr sein, oder was wollt ihr verbergen?

Mit Recht sagt ihr: „Vor der Zeit Jesu von Nazareth und in der Zeitepoche, in der Jesus gelebt hat, trugen die Männer auch Bärte und langes Haar." Erkennt, meine Freunde, meine Brüder! Es gab damals aber auch die wallenden Gewänder, die wenig Ecken und Kanten aufwiesen. Haare, Bart und Kleidung war ein Fließen. An Ecken und Kanten bricht sich das Licht, die Schwingung.

Die vielen Ecken und Kanten, die eure Kleidung aufweist, führen zur Disharmonie. Das lange Haar bewirkt, daß die Spitzen des Haares mit den Ecken und Kanten der Kleidung in Berührung kommen, was eine Aufladung im gegensätzlichen Sinne bewirkt. Das gleiche gilt für den Bart. Er reibt sich am Kragen der Jacke, des Mantels oder des Hemdes. – Außerdem gibt es jetzt die entsprechenden Instrumente nebst Zubehör, um kurzerhand – ohne Zeitverschwendung und größeren Aufwand – das Gesicht zu rasieren.

Liebe Brüder, ich möchte euch das lange Haar und den Bart nicht absprechen. Ich möchte euch nur auf die Wirkungen aufmerksam machen. Ich wiederhole noch einmal meine Frage: Wem eifert ihr nach? Was wollt ihr verbergen?

Liebe Brüder, betrachtet auch die allzu engen Hosen, die ihr – eventuell schmutzig und abgeschabt und mit Fransen versehen – tragt. Ist das die Anmut der Seele – oder ist das die Nachlässigkeit des Menschen? Ist es schön und angenehm, bewußt alte, zerschlissene Bekleidung zu tragen? Hier denke ich auch an eure sogenannten Pullover, Jacken und dergleichen.

Liebe Brüder! Wenn das Äußere auf das Innere einwirkt, was bewirkt eine solche Kleidung?

Wie schon offenbart: Ich rege nur zum Nachdenken an. Ich möchte euch nichts vorschreiben. Jeder hat den freien Willen. Doch erkennet: Formen, Farben, Töne und Düfte wirken auf das Innere ein. Das Äußere prägt das Innere und das Innere das Äußere! Sind die fünf Sinne dem Inneren, dem Göttlichen, zugewandt, ist die Seele licht und edel, dann wird sich auch der Mensch ordentlich und leicht und luftig kleiden – natürlich entsprechend der Jahreszeit.

Liebe Schüler, so sprach Bruder Emanuel weiter, durch ordentliche, saubere Kleidung wird der Hochmut nicht gesteigert und die Gefallsucht nicht angeregt. Wer sich auf dem Weg nach Innen ordentlich kleidet, der bewirkt eher die Demut in seinem Herzen.

Erkenne, lieber Bruder, liebe Schwester: Die Natur schmückt sich in den herrlichsten Farben und Formen zur Ehre des Allerhöchsten. Die Natur schenkt sich in der Fülle, weil Gott die Fülle ist.

Betrachte des öfteren die Farben und Formen der Blumen und Blätter, wie rein und zart die Blüten sind und wie schön geformt die Blätter, die sich grazil und harmonisch im Wind bewegen. Wer die Natur in der Einheit mit Gott betrachtet, der erkennt, daß sich alles zu Seiner Ehre schmückt.

Gabriele:

Unser Schmuck sollen edle und reine Gedanken sein und feine, harmonische Bewegungen; die Folge ist eine saubere, lichte und harmonische Kleidung. Denn so, wie es in unserem Inneren bestellt ist, so sieht unser Äußeres aus, und so ist letzten Endes auch unsere Umgebung.

Der Geist Gottes rät immer: Geht den goldenen Mittelweg! Das bedeutet: Alles Übertriebene ist von Übel. Das rechte Maß in allen Dingen bewirkt innere Zufriedenheit und führt so manchen aus Trübsal, traurigen Gedanken und menschlichen Zwängen heraus.

Unser Geistiger Lehrer, Bruder Emanuel,
offenbarte uns:

Ein hübsches Kleid, ein sauberer Anzug wirken positiv von außen nach innen. Farben und Formen können niedere Gedanken herbeiziehen, können aber auch negative und grüblerische Gedanken verscheuchen. Es kommt auf die Form und Farbe der Kleidung an – und wie der Mensch darauf reagiert.

Die Reaktion ist verschieden, je nach Stimmung und Hemmung des einzelnen. Lichte Farben, leichte Stoffe und saubere Kleidung verscheuchen oftmals trübe und traurige Gedanken.

Der Mensch kauft seine Kleidung und kleidet sich entsprechend seiner augenblicklichen Stimmung. Um das eventuell dunkle Gemüt aufzuhellen, sollten in diesem Zustand helle und leichte Kleidung getragen werden. Was licht, rein, sauber und hell ist, wirkt positiv auf die Gedankenwelt des Menschen. Dunkle Farben und schmutzige Kleidung können das Gegenteil bewirken.

Gabriele machte uns darauf aufmerksam:

Jeder von uns kann diese Darlegungen unseres Geistigen Lehrers als Spiegel für sich verwenden.

Bruder Emanuel gab uns auch einige Einblicke
in unsere ewige Heimat:

O sagt nicht, so sprach Bruder Emanuel, die geistige Welt hätte wenig Verständnis, wenig Dynamik!

Ich will ein Wort der Welt gebrauchen, auf daß ihr mich verstehen könnt. Ich nenne dieses Wort: Es heißt „Humor". Das, was der Mensch „Humor" nennt, drückt sich in der göttlichen Welt als innere Freude, innere Dynamik, Selbstlosigkeit und Bereitschaft aus, alles zur Ehre des Allmächtigen zu tun. Wir können euer Wort „Humor" auch durch „freudige, kraftvolle Dynamik" ersetzen!

Seid getrost! In der ewigen Heimat ist es nicht so ernst, wie so mancher von euch glaubt. Auch wir schmücken uns zur Ehre des Vaters. Alles reine Sein, das Gott geschaffen hat, ist schön und strahlt selbsttätig von innen heraus; so auch jedes Geistwesen. Alles Reine ist selbsttätig leuchtend. Auch die schönen Gewänder der Geistwesen und der zarte, edle, feine Schmuck sind ein Zeichen geistigen Lebens, denn in Gottes Reich ist die Fülle, für alle offenbar und zugänglich.

Sowohl die männlichen als auch die weiblichen Geistwesen tragen - wie ihr schon gehört habt - lange, fließende Gewänder; sie tragen auch zierlichen Schmuck. Die Gewänder der männlichen Prinzipien sind weit fallend, die der weiblichen Wesen mit einem edlen Gürtel gehalten.

Im ewigen Sein, in eurer, in unserer Heimat gibt es auch Feste der Liebe: Die Geistwesen finden sich zu harmonischen Spielen und zu Geselligkeiten zusammen. Sie gestalten Reigentänze und vernehmen die zarten Töne, die von Geistwesen über Instrumente dargeboten werden.

Gabriele:

Bruder Emanuel erinnert uns, daß der Innere Weg eine Freude sein sollte. Frohgemut und dankbar gegenüber Gott, sollen wir unser menschliches Ich besiegen, um göttliche Kraft zu gewinnen. Der Innere Weg, erfolgreich gewandelt, bewirkt innere Dynamik und Selbstlosigkeit.

Lieber Bruder, liebe Schwester, durch die Worte von Bruder Emanuel haben wir uns nun wieder gestärkt. Beseelt mit der inneren Freude, daß Christus, das Licht der Erlösung, uns so nahe ist, daß wir Ihm entgegengehen dürfen – geschmückt mit der Zierde der Tugend und der Gewißheit, daß wir im Reich Gottes kein Fremdling sein werden –, beschreiten wir den Inneren Weg.

Nun möchte ich noch einmal die Lektionen und Aufgaben kurz ***zusammenfassen:***

Der Tastsinn, der in dieser Lektion behandelt wird, gehört zu den fünf Sinnen des Menschen. Die vorhergehenden Aufgaben, die uns unser Geistiger Lehrer, Bruder Emanuel, übermittelte, dienten dazu, die anderen vier Sinne unter Kontrolle zu bringen.

Wenn wir nun die fünf Sinne in ihrer Gesamtheit nehmen und sie vom Geiste aus betrachten, dann erkennen wir: Was das physische Auge wahrnimmt, möchte in vielen Fällen die Hand betasten. Was die Nase an Gerüchen und Düften registriert, von dem will das Auge die Herkunft sehen; gleichzeitig reagiert der Tastsinn: Der Mensch greift zum Beispiel nach dem Fläschchen mit dem duftenden Inhalt und führt es zur Nase. Oder: Getrieben von den Küchendüften, geht er zum Herd, hebt die Abdeckung des Gefäßes hoch und steckt die Nase hinein, um den Geruch des duftenden Inhalts voll aufzunehmen.

Ein weiteres Beispiel: Der Mensch sieht einen hübschen Stoff, geht darauf zu, um ihn zu betasten.

Oder er sieht verschiedene Formen und Farben von Möbeln. Er geht darauf zu, um sie zu betasten, um sie zu prüfen und sich darüber seine Gedanken zu machen. Er sieht zum Beispiel die schönen Blumen im Garten, auf dem Feld oder im Wald. Getrieben vom Seh-, Geruchs- und Tastsinn geht er darauf zu, um sie entweder zu betasten, daran zu riechen oder sie gar zu pflücken.

Wir sind also ständig bemüht, das, was wir registrieren, in die Hand zu nehmen oder betasten zu wollen. Auch unser Gehörsinn treibt uns Menschen an: Von der Neugierde getrieben, werden wir zu Lauschern, um zu erhorchen, was uns letzten Endes nicht betrifft und im Grunde nichts angeht.

Diese Regungen und Neigungen sind menschlich und zeigen, daß die fünf Sinne nach außen gekehrt sind. Heftigkeit und Neugierde führen uns immer wieder in die Welt der Sinnesreize. Die unkontrollierten Sinne treiben unsere Wünsche und Vorstellungen an. Sie wollen sich verwirklichen.

Drängende Wünsche regen verstärkt das Denken an Besitzen-, Sein- und Habenwollen an. Daraus können sodann Neid, Feindschaft und Mißgunst entstehen, sofern unser Nächster besitzt, was wir nicht haben, und wir Gleiches oder Ähnliches wünschen.

Sind die fünf Sinne des Menschen der materiellen Welt zugewandt, dann möchte der Mensch, wenn möglich, alles sehen, alles erhorchen und angenehme Gerüche riechen, gute Speisen und Getränke kosten und alles, was er greifen kann, betasten. Diese menschlichen Züge des Ichs führen niemals zur inneren Stille.

Unsere fünf Sinne sind gleichsam die fünf Antennen des Menschen. Die fünf Sinne, die Antennen, sind beständig darauf bedacht, dem Empfänger Mensch alles zu übermitteln, was an Neugierde, Wünschen und Ansprüchen in ihm liegt. Unsere fünf menschlichen Sinne erfassen uns und machen uns zum Spielball irdischer Kräfte oder von Einflüssen aus den Seelenreichen.

Oftmals sind wir – unmerklich – ein willenloses Subjekt, das sich von den unbezähmten Sinnen treiben läßt. Das Spiel der Sinne mit dem Menschen kann zu weiteren karmischen Belastungen führen, weil der Mensch seinen Sinnen freien Lauf läßt. Dadurch nimmt er jede Schwingung auf, die ihm die Sinne übermitteln. Der Mensch ist also solange ein Spielball seiner Sinne, bis er diese unter Kontrolle hat.

Ist unser Bewußtsein so weit ausgerichtet, daß wir vieles durch die Kraft Gottes vollbringen können, indem wir unser Denken, Fühlen und Wollen dem ewigen Willen unterordnen, dann sind wir nicht nur vor den Reizen der Sinne geschützt, sondern weitgehend auch vor den vielen gegensätzlichen Schwingungen – auch vor Viren und schädlichen Bakterien, sofern diese nicht durch eine wirksam gewordene seelische Ursache angezogen werden, die auf der Schwingungsebene eines Krankheitserregers schwingt.

Bruder Emanuel
sprach in seiner Offenbarung:

Menschen betasten Möbel, Stoffe, Kleider und viele andere Gegenstände. Überall hinterlassen sie ihre Spuren, das heißt ihre Schwingungen. An allen materiellen Gegenständen sind Schwingungen aller Art. Wer also seinen Tastsinn nicht gebieten kann, da er seine fünf Sinne nicht weitgehend verfeinert hat – weil er noch diesseitsbezogen und nicht allbewußt ist –, der nimmt viele Schwingungen auf, die auf seiner Bewußtseinsebene schwingen.

Gabriele:

Liebe Schwester, lieber Bruder, wir haben also gehört: Unsere Aura nimmt alle Schwingungen auf, die schwingungsmäßig unseren vorhandenen oder werdenden Entsprechungen gleichen. Die Kräfte, die wir aufnehmen, wirken wieder auf unsere Gedankenwelt ein.

Wird ein und derselbe Gedanke immer wieder gedacht, dann entsteht daraus ein Gedankenkomplex. Ein Gedankenkomplex ist mehr oder weniger eine größere oder kleinere Entsprechung. Die werdende Entsprechung kann im Oberbewußtsein oder im Unterbewußtsein liegen.

Die Entsprechung ist ein magnetisches Feld, das alles anzieht, was auf dieser Wellenlänge schwingt. Eine Entsprechung, ein Gedankenkomplex, ist deshalb

Zielscheibe der verschiedensten Energiefelder, der Energiefelder in der Atmosphäre, wie auch der Energiefelder in den Stätten der Reinigung oder der Energiefelder der Seelen, die ähnlich schwingen wie der Gedankenkomplex, die Entsprechung.

Einwirkende gegensätzliche Kräfte bewirken eine Zerrüttung und Verkrampfung des Nervensystems. Sie führen zu Nervosität und können im weiteren Verlauf Krankheiten bewirken. Positive Kräfte stimulieren das Nervensystem, entspannen den Körper und bewirken, daß Seele und Mensch in höhere, in feinere Schwingungen gelangen. Deshalb sollten wir alles bewußt tun! Wir sollten also konzentriert denken und leben und unsere Sinne, die Antennen, immer mehr auf das Schöne, Edle, Gute und Reine ausrichten, auf das Göttliche.

Ich darf noch einmal an die Übungen erinnern: Wir üben die Veredelung unseres Tastsinnes. Zwei Tage leben wir von innen heraus, ganz bewußt, und verfeinern so unseren Tastsinn. Zwei Tage leben wir so wie bisher, ohne uns zu kontrollieren. Dadurch regen wir unsere kleineren und größeren Entsprechungen an, die sodann emporsteigen und uns wieder zeigen, wo wir bewußtseinsmäßig noch stehen. Machen wir diese Übung ohne Fanatismus und nur etwa alle drei Wochen, dann steigt aus unseren Inneren nur das empor, was wir auch mit der Hilfe Christi bewältigen können.

Während der beiden Innentage geschieht das Betasten oder das Nach-etwas-Greifen von innen heraus.

Dadurch wird es auch in Harmonie geschehen! Wir werden nicht hastig zugreifen und auf die Gegenstände und Dinge keinen übermäßigen Druck ausüben. Was also von innen heraus geschieht, ist harmonisch. Leicht, behend und beschwingt geht dies vonstatten.

Während der beiden Außentage greifen wir wie üblich zu, ohne uns Gedanken zu machen, und üben auf die Gegenstände den Druck wie bisher aus. Wir betasten alles, was uns in den Sinn kommt und was das Auge wahrnimmt und der Tastsinn betasten möchte. Doch wir üben dabei keinen Fanatismus; wir lassen es so geschehen, so wie es bisher geschah, als wir uns unserer Sinne noch nicht bewußt waren.

Lieber Bruder, liebe Schwester! Vergiß nicht, sowohl deine Erkenntnisse an den Innen- wie auch an den Außentagen in dein Mystisches Tagebuch einzutragen. So wirst du nach einer geraumen Zeit erkennen, welche Fortschritte du auf dem Inneren Weg gemacht hast, denn das Tagebuch zeigt auf, was du überwunden hast und was noch zur Überwindung ansteht. Es zeigt dir auch dein menschliches und auch dein schon subtileres Leben auf.

Wir sollen uns auch nicht an alles anlehnen und an allem festhalten; wir sollten aufrecht stehen und sitzen. Den nun folgenden Satz hast du sicher schon in dein Tagebuch aufgenommen. Er lautet:

> *Menschen des Geistes sitzen, stehen und gehen aufrecht, da auch ihre Gesinnung aufrichtig ist.*

Wir haben gelernt, unseren Körperrhythmus zu beachten. Bei dieser Übung erfahren wir, daß auch übermäßiges Gestikulieren ein Zeichen innerer Unruhe, ein Zeichen unseres noch vorhandenen Ichs ist. Harmonische und ausgerichtete Menschen werden, während sie sprechen, ihre Worte nur anmutig untermalen, indem ihre Gesten, das heißt die Bewegungen der Hände, harmonisch verlaufen. Wir können aber auch unsere Hände vor dem Körper ineinanderschieben, in der Höhe des Ordnungszentrums. So stehen wir ebenfalls aufrecht und können dem Gespräch bewußt, das heißt ohne Gedankenabschweifungen, zuhören.

Wenn wir aufrecht stehen, hängen die Arme locker und harmonisch nach unten, und wenn wir gehen, dann beginnen die Arme, sich rhythmisch zu bewegen. Dadurch richtet sich der Körper noch mehr auf. Der Mensch blickt nicht nur zu Boden, sondern auch in die Weite, erfaßt das Unendliche, die Kraft in allem Sein.

Das rhythmische Bewegen der Arme bewirkt vermehrt Energie für den Organismus. Wir erkennen, wie wunderbar der Mensch aufgebaut und geformt ist und daß er die Möglichkeit besitzt, durch bestimmte, rhythmische Bewegungen seinem Körper von außen her Lebensenergie zuzuführen.

Beim Sitzen sollen wir nicht die Arme und Beine verschränken oder unser Haupt in unsere Hände stützen. Diese Haltung, so sagt Bruder Emanuel, deutet auf Pessimismus, Ablehnung und Nachlässigkeit hin. Diese Haltung wirkt auch störend auf unser Nervensystem und auf das Energiefeld unserer Seele ein.

Liebe Schwester, lieber Bruder, ich darf dich an die weitere Aufgabe bezüglich unserer Schwierigkeiten und Probleme erinnern. Solange wir mitten in unseren Schwierigkeiten stehen, glauben wir, wir könnten sie nicht ohne weiteres Christus zur Auflösung übergeben. Die Übung von Bruder Emanuel will ich deshalb noch einmal kurz erwähnen:

Wir sollen uns empfindungsmäßig in das All stellen, mitten in das Universum hinein. Wir sollen uns also schwebend oder stehend mitten im Universum fühlen; unsere Schwierigkeiten und Probleme lassen wir hier auf der Erde. Dabei schließen wir die Augen und können uns mit folgenden Worten – die wir in unser Inneres hineinsprechen – leichter von unseren Schwierigkeiten und Problemen lösen. Ich wiederhole die kurzen Sätze:

„Ich bin ein kosmisches Wesen.
Meine Heimat ist das Universum,
das All.
Ich schwinge mich empor
zu den Sonnen und Welten in der Unendlichkeit.
Meine Probleme und Schwierigkeiten bleiben auf der Erde."

Wenn wir diese Sätze sprechen, sollen wir jedes Wort mit unseren Empfindungen und Gedanken beseelen. Wir sollen also mit unseren Empfindungen und Gedanken bei unseren Worten sein, bei dem, was wir aussprechen. Dann erlangen wir die Kraft, um über unseren Schwierigkeiten und Problemen zu stehen und sie in rechter Weise zu betrachten.

Ist es uns möglich, uns empfindungsmäßig in das All zu stellen, dann blicken wir auf unsere Schwierigkeiten und Probleme hinab, die hier in der Welt, im Zeitlichen haften blieben. Von einer gewissen Entfernung aus erkennen wir, daß vieles, was uns tagtäglich beschäftigt, nichtig und unwesentlich ist. Von dort aus, vom All her, erkennen wir plötzlich, wie töricht es ist, sich mit belanglosen Dingen immer und immer wieder neu zu beschäftigen. Fern von den Problemen und Schwierigkeiten, ahnen wir, was kosmisches Bewußtsein bedeutet. Wir ahnen auch, was Einheit mit allem Sein bedeutet.

Lieber Bruder, liebe Schwester, denke auch über das von unserem Geistlehrer, Bruder Emanuel, Offenbarte nach bezüglich unseres Äußeren, der Haar- und Barttracht, der künstlichen Farbe unseres Haares und unserer „Maske", womit er das Ich meint, hinter dem wir unsere Gedanken verbergen.

Denke auch über deine Kleidung nach und über Farben und Formen. Alles ist Energie. Farben, Formen und Töne wirken auf uns ein. Sie stimulieren uns oder bewirken Niedergeschlagenheit und Aggressionen – je nachdem, was in uns selbst vorliegt. Vergiß auch nicht, die Harmonien und Symphonien der Natur zu beobachten, und beziehe dich, das Wesen Gottes, in die Symphonien und Harmonien, in die Farben und Formen der Natur mit ein.

Zum Abschluß der Lektionen der Stufe der Ordnung sprach unsere Schwester Gabriele Worte der geistigen Verbundenheit zu uns:

Lieber Bruder, liebe Schwester! Der Innere Weg ist der Pfad der Liebe. Wir Geschwister im Universellen Leben wandern ihn mit dir. Auch wir haben unsere Schwierigkeiten und Probleme, die wir mit der Hilfe Christi bemeistern werden. Du bist auf dem Inneren Weg nicht allein, auch dann nicht, wenn du dort bist und wir hier sind. Wer Gott und den Nächsten liebt, ist mit jedem verbunden, einerlei, wo dieser lebt.

Wahres Leben kennt keine Grenzen; es ist zeit- und raumlos. Wahre Liebe verbindet von Ort zu Ort, von Äon zu Äon; sie ist zeitlos, ewig strömend. In diesen Strom wollen wir uns begeben. Wir reichen uns die Hände und stützen uns gegenseitig. Gott hilft uns voranzukommen, um wieder zum Ursprung der Quelle zu gelangen.

Die Geichgesinnten, alle, die gemeinsam mit dir ringen, um vom menschlichen Ich frei zu werden, wünschen dir die Einheit mit ihnen und den Frieden der Himmel.

Gott zum Gruß, lieber Bruder, liebe Schwester!
Friede

Gabriele

III.

Selbstprüfung zum Übertritt in die Stufe des Willens

Bruder Emanuel, unser Geistiger Lehrer, offenbarte:

Wer auf der Stufe der Ordnung seine Gedanken weitgehend unter Kontrolle bekam, der konnte und kann auch seine Sinne weitgehend beherrschen.

Wer aufgrund der Schulung auf der Stufe der Ordnung seine Rede zügeln konnte und kann, der ist schon ein kleiner Meister seines Ichs.

Wer auf der Stufe der Ordnung seine Vergangenheit, alles, was den Menschen immer und immer wieder beschäftigte, zurücklassen konnte, ja dem Ewigen übergeben konnte, der ist wahrlich gewachsen und bereit, die Stufe des Willens zu betreten.

Lieber Bruder, liebe Schwester, falls du die in diesem Buch gegebenen Aufgaben und Übungen täglich gewissenhaft durchgeführt hast, so dürfte es dir gelungen sein, in deiner Gedanken- und Empfindungswelt und in deinem Leben weitgehend Ordnung geschaffen zu haben.

Möchtest du nun die nächste Stufe, die Stufe des Willens, betreten, so kannst du dich anhand der folgenden Fragen selbst prüfen, ob du das dafür nötige Fundament auf der Stufe der Ordnung schon gelegt hast:

Ist es dir gelungen, auf der Stufe der Ordnung

- *deine Gedanken weitgehend zu kontrollieren,*

- *deine Rede weitgehend zu zügeln,*

– deine Sinne weitgehend zu beherrschen?

Die Gedanken zu ordnen und auf das geistige Ziel, Gott, auszurichten, ist nur demjenigen möglich, der Gott, seinen Vater, mehr liebt als diese Welt – und mehr als sich selbst, als sein Denken und Wollen.

Wer für sich selbst noch erhebliche weltliche Ansprüche geltend macht, wer also seine Gedanken um seine eigenen Belange kreisen läßt, indem er das noch besitzen und dies oder jenes noch sein und gelten möchte, dessen Herz ist noch nicht frei für den Inneren Weg.

Ist es dir gelungen, die Vergangenheit zu bereinigen, und ist sie nur noch als Erinnerung in deinem Bewußtsein?

Wer in seiner Vergangenheit lebt, kann das, was tagtäglich auf ihn zukommt, nicht meistern. Er wird sodann über sein Leben nicht die Meisterschaft erlangen, sondern wird seinem menschlichen Ich unterliegen.

Ist es dir gelungen, die ich-bezogenen Aspekte, das Ich, Mein und Mir, weitgehend zu übergeben?

Dann erst kannst du die Konzentration erlernen, um auf der Stufe des Willens zu bestehen.

Auf der Stufe des Willens lernst du dich mehr und mehr zu erkennen und zu beherrschen. Dadurch wirst du sensitiver und durchlässiger für die geistigen Kräfte. Dein Gewissen reagiert intensiver, da auf der Stufe des Willens das Licht Christi in uns heller wird.

Wer den Pfad der Liebe gewissenhaft beschreitet, der wird sehr bald erkennen und verspüren, was sein Wollen, sein Wille, also der persönliche Wille, ist – und was der göttliche Wille, der unpersönliche Wille, ist.

In der Willensschulung soll das Wollen des Menschen mehr und mehr dem Ewigen übergeben werden.

Nicht wir wirken, sondern Gott wirkt durch uns. Dadurch erlernen wir die rechte Konzentration im Sinne des göttlichen Willens.

IV.
Verzeichnis geistiger Begriffe

Absolutes Gesetz: *Das A.G. ist das absolut Reine, aus dem nur Reines hervorgeht und in das nur Reines eingehen kann. Es ist das Fluidum der himmlischen Welten (→Himmel), der Odem Gottes, in dem sich alles Reine bewegt (→Äther, →Heiliger Geist). Das A.G. ist das Leben. Was außerhalb des A.G.es ist, ist Abtragung im →Kausalgesetz, im Gesetz von Saat und Ernte.*

Absolutheit: *Das reine, ewige göttliche Sein, die Ewigkeit; die →Himmel, die ewige Heimat; das ewige Leben; das Gesetz Gottes (→Absolutes Gesetz).*

Äther (geistiger): *Der Allgeist, der universelle Geist, die geistige Urenergie, der unpersönliche →Gott; der Schöpfergeist; das absolute unbelastbare Leben; die allgegenwärtige Kraft; der →Logos, das →Bewußtsein in allem, was ist; das Gesetz; der →Heilige Geist, der →Odem Gottes, die Odkraft, die →Liebe; die →Urkraft, die ewig fließende, göttliche Lebenskraft, das Licht.*

Der Ä. entströmt unaufhörlich der →Urzentralsonne. Er durchdringt alles Sein. Er ist die Substanz von allem, was ist; er belebt und erhält alle reinen Lebensformen und auch die materiellen Strukturen; das Bewußtsein, das Leben, in allem Sein (→Materie).

Ätherchronik: *Eine geistige Schicht im feinsten Bereich der Erdatmosphäre – daher auch atmosphäri-*

sche Chronik genannt –; in ihr ist alles gespeichert, was jemals auf Erden gedacht und getan worden ist, alle Meinungen und Vorstellungen, d.h. Wahres und Unwahres, also →Mischgut.

Aus der Ä. können mediale Menschen, die sich nicht auf die absolute und reine Quelle der Wahrheit, auf den Gottesgeist, ausrichten, Wissen abrufen, das Wahres und Falsches enthalten kann.

Ätherformen: *Die Ä. gehen aus dem reinen →Äther hervor. Die reinen geistigen Formen der →Himmel sind manifestierter Äther. Alle diese himmlischen Seinsformen sind mit dem fließenden Äther in absoluter Harmonie. Die Ä. der Himmel durchlaufen eine Entwicklung (Evolution): die Formen der himmlischen Mineral-, Pflanzen- und Tierreiche, dann die der geistigen Elementarwesen (→Naturwesen) – bis zur höchsten Form der reinen →Geistwesen (Engel, Ebenbild Gottes).*

Ätherleib: *1. Geistiger, d.h. feinstofflicher Körper der →Geistwesen (Engel). Er besteht aus geistigen Partikeln; sie sind vergleichbar mit unseren grobstofflichen materiellen Zellen. Das „Herz" des Ä.es ist der →Wesenskern („Gottesfunke"); er empfängt den göttlichen →Äther und verströmt diesen über sieben Zentren zu den geistigen Partikeln. Da der Ä. vom göttlichen Lichtäther vollkommen durchstrahlt wird – das Geistwesen lebt im →Absoluten Gesetz –, ist der Ä. selbsttätig leuchtend.*

2. Ä. im Menschen: →Seele; verschatteter geistiger Leib im Menschen, bestehend aus dem unbelastbaren →Wesenskern, dem Gottesfunken, den sieben belasteten Hüllen (→Seelenhüllen), aus denen der sogenannte Ätherbaum mit den sieben →Bewußtseinszentren hervorgeht; über diesen fließt die göttliche Energie zu den Organen und Zellen des materiellen Körpers.

Allgeist: *Der Heilige Geist; der ewig fließende, alles durchdringende und erhaltende →Äther; vgl. auch: →Urkraft; →Gott.*

Astralebenen: *Die A. sind die vier unteren der sieben →Fallebenen; sie sind Reinigungsbereiche (vgl. →Reinigungsebenen) für →Seelen. In den A. gilt das →Kausalgesetz, das Gesetz von Ursache und Wirkung: Der ewige Geist führt zur Erkenntnis und Umkehr über Ursache und Wirkung.*

Die Seelen in den A. stehen unter der Anziehungskraft der Erde (und dem Einfluß der Planeten) und daher im Rad der Wiedergeburt (→Reinkarnation).

Wer Kontakt mit astralen Kräften oder Seelen sucht oder pflegt, betreibt Okkultismus oder Spiritismus und setzt sich den damit verbundenen Gefahren (Kräfteentzug, Beeinflussung etc.) aus.

Atom (geistiges): *Sie sind die Bausteine aller Formen der Unendlichkeit. Der geistige →Äther, die Lebenskraft, besteht aus geistigen A.en. Das geistige A.*

besteht aus einem Atomkern, dem sogenannten →Wesenskern (in ihm besteht eine Wechselwirkung zwischen den beiden Teilchen Positiv und Negativ), aus den drei →Eigenschaften Gottes und den vier →Wesenheiten Gottes, d.h. den sieben Grundkräften der Schöpfung, die in sieben elliptischen Bahnen um den Kern wirksam sind. →Atomarten, geistige.

Atomarten, geistige: *Es gibt fünf geistige Atomarten:*
Ätheratome – sie entsprechen den drei →Eigenschaften (Kräften) Gottes;
Entwicklungs- (Bewegungs-)atome – sie entsprechen der →Wesenheit (Kraft) des göttlichen Ernstes;
Schaffungs- (Formungs-)atome – sie entsprechen der →Wesenheit (Kraft) der göttlichen Weisheit;
Träger- (Stabilisations-)atome – sie entsprechen der →Wesenheit (Kraft) des göttlichen Willens;
Fruchtbarkeitsatome – sie entsprechen der →Wesenheit (Kraft) der göttlichen Ordnung.

Aura: *Energie-Ausstrahlung aller Lebewesen, manchen Menschen sichtbar; als „Heiligenschein“ in der Kunst dargestellt, zeigt den augenblicklichen Zustand der →Seele des Menschen, Gemütslage, Entwicklung und Charakter.*

Belastung (der Seele): *→Karma*

Bewußtsein: *1. Der Geist Gottes (→Äther) in allem, was ist; der Gottesgeist, der →Logos, das →Ich Bin. Wer die vier ersten Bewußtseinsstufen in sich er-*

schlossen hat, der taucht mehr und mehr ein in das B. Gottes (→Absolutes Gesetz) und empfängt daraus reine Impulse aus dem Gottesgeist (→Inneres Wort).

2. Das menschliche B., bestehend aus →Ober- und →Unterb.

Bewußtseinsübungen: *Vom Gottesgeist im Universellen Leben inspirierte körperliche Bewegungsübungen zu harmonischer Musik, die besonders vor den Meditationen der beiden Meditationskurse durchgeführt werden. Sie tragen zur Harmonisierung von Körper und →Seele bei und verstärken so die Aufnahmebereitschaft für die geistigen Lebens- und Heilkräfte. B. können auch frei nach dem Empfinden durchgeführt werden.*

Bewußtseinszentren: *Die sieben B. im Menschen sind die Schaltstellen der geistigen Energien für den physischen Körper. Sie leiten die Geistkraft (→Äther) zu den Körperorganen und -zellen. Sie entsprechen den sieben →Seelenhüllen. In östlichen Religionen nennt man sie „Chakras".*

Botschafter Gottes: *Ein B. G. ist ein →Lehrprophet, der durch sein voll erschlossenes →Bewußtsein unmittelbar aus dem Urgrund, dem Göttlichen, schöpft – im Unterschied zur →Offenbarung – und so die ewige Wahrheit, das →Absolute Gesetz, in seiner menschlichen Sprache auslegt. Gabriele – Würzburg ist die B.in G. für die Endzeit.*

Bruder Emanuel: *B. E. ist der →Cherub der göttlichen Weisheit. Er ist der verantwortliche Diener im Erlöserwerk des Herrn und lehrt die Menschheit den →Inneren Weg in der →Mysterienschule Christi über das →Prophetische Wort (→Lehrprophet).*

Cherub: *Ein Ch. ist ein männlicher Gesetzesengel (→Geistwesen), der von Gott zu Anfang der Schöpfung unmittelbar geschaffen wurde; er wird auch Erzengel genannt. Es gibt sieben Cherubim; jeder von ihnen repräsentiert eine →Wesenheit oder →Eigenschaft Gottes. Zusammen mit seinem →Dual, einem →Seraph, regiert der Ch. die seiner →Mentalität entsprechende Himmelsebene. Ch. und Seraph bilden ein himmlisches Fürstenpaar.*

Christus: *Der erstgeschaute und erstgeborene Sohn →Gott-Vaters; der →Mitregent der Himmel; Er ist der Erlöser der Menschheit durch Seine Opfertat; jede →Seele besitzt seitdem den sogenannten →Erlöserfunken; dieser ist die stützende, erhaltende und heimführende Kraft in jeder Seele.*

Dual: *Ein D. ist der Lebenspartner, Gemahl/Gemahlin der reinen →Geistwesen. Ein männlicher Engel (positives Prinzip) und ein weiblicher Engel (negatives Prinzip), die sich vermählen, bilden ein D.-paar. Sie wirken in absoluter Einheit miteinander. Durch geistige Zeugung entstehen sodann auch geistige Kinder.*

Eigenschaften Gottes: *Die drei E. G. bilden zusammen mit den vier →Wesenheiten Gottes die sieben Grundkräfte der Schöpfung. Die E. G. heißen Geduld, Liebe und Barmherzigkeit. In den Kindern Gottes, den reinen →Geistwesen, sind – im Unterschied zu den →Naturwesen – auch diese Kräfte entwickelt; daher werden die E. G. auch Kindschaftseigenschaften genannt.*

Engel: *→Geistwesen; →Cherub, →Seraph*

Entsprechung: *Verschattung in den →Seelenhüllen, nicht bereinigte Schuld (Fehlhaltung). Eine E. wird besonders aktiv (kommt zum Schwingen), wenn wir an Mitmenschen Gleiches oder Ähnliches entdekken: An unseren Emotionen, Aggressionen können wir uns selbst erkennen (Spiegeleffekt des Nächsten). Eine überwundene E. wird zur Erinnerung (Erfahrung).*

Erlöserfunke: *Als →Christus auf Golgatha sprach: „Es ist vollbracht!", teilte sich das göttliche Erbe Christi, die →Teilkraft aus der Urkraft, in einzelne Funken auf – wobei sich in jede →Seele ein solcher Christusfunke eingebar. Dieser E., auch Erlöserlicht genannt, verhindert das weitere Absinken der Seele bis zur Auflösung im ewigen →Äther. Er ist die stützende und erlösende Kraft in jeder Seele, die Antriebskraft für den Rückweg zum Vater.*

Erlösertat Jesu Christi: *Infolge der ständigen Zuwiderhandlungen gegen die göttlichen Gesetze* *verschatteten sich die →Seelen immer stärker, d.h. die geistigen →Atome rotierten immer langsamer und waren schließlich im Begriff zu kippen. Dies hätte die Degeneration der Seelen über das Tierreich, das Pflanzenreich und das Mineralreich bedeutet – bis zur Auflösung im fließenden →Äther.*

Als Jesus Christus auf Golgatha sprach: „Es ist vollbracht!“, löste Er Sein göttliches Erbe aus der →Urzentralsonne und teilte es in Funken auf. In jede Seele gebar Er einen solchen →Erlöserfunken ein. Dieser erhält die Kindschaft aufrecht, d.h. verhindert eine weitere Degeneration der Seelen. Der Erlöserfunke ist die stützende und nährende Kraft in jeder Seele, die Erlöserflamme in uns, in die wir alle Fehler und Schwächen legen können; nach Seinem Willen werden sie aufgelöst, wenn wir uns bemühen, nicht mehr zu sündigen. Vergleiche auch: →Innerer Arzt und Heiler.

***Fallebenen:** Die sieben jenseitigen Bereiche außerhalb der reinen →Himmel, von diesen durch die →Lichtmauer getrennt. Seit der →Erlösertat Jesu Christi sind diese zu vier →Reinigungsebenen (frühere satanische Hierarchien, →Astralebenen) und drei →Vorbereitungsebenen für die →Absolutheit geworden. Sie entsprechen der sukzessiven Verschattung der einzelnen →Eigenschaften und →Wesenheiten Gottes im ehemals reinen Geistleib (→Ätherleib) der Engel (→Geistwesen).*

***Fanatismus:** Gebundensein an Vorstellungen; Unfreiheit; der Mensch kreist um sich selbst und schließt* *sich von echter Gemeinschaft aus, da er unfähig ist zu wahrer Toleranz, zu Verständnis und selbstloser Liebe.*

Gedankenkomplex: *Unsere Gedanken sind Energieformen, die uns begleiten und wieder auf uns und auf Gleichgesinnte bzw. Ähnlichgesinnte Einfluß nehmen, wenn wir dafür aufgeschlossen sind. Je häufiger und intensiver wir etwas denken, wünschen etc., um so stärker und größer wird der Gedanken-Energiekomplex. Nach dem Gesetz „Gleiches zu Gleichem" ziehen wir gleiche oder ähnliche Energiefelder an - auch aus der atmosphärischen Chronik (→Ätherchronik) - oder auch erdgebundene →Seelen. G.e lösen sich auf, wenn wir vergeben, um Vergebung bitten, wenn wir beginnen, bewußt und positiv zu denken und zu leben.*

Geist: *→Heiliger Geist; →Äther (geistiger)*

Geistige Zeugung: *In der reinen Liebestrahlung eines →Dualpaares der →Himmel (geistiger Mann = positives Prinzip, und geistige Frau = negatives Prinzip) entwickelt sich in einem geistigen Kokon ein →Naturwesen zum vollkommenen →Geistwesen durch die Entfaltung der göttlichen Kindschaftseigenschaften: Geduld, Liebe, Barmherzigkeit (→Eigenschaften Gottes).*

Geistiges Atom: *→Atom (geistiges)*

Geistkraft: *→Äther (geistiger)*

Geistleib: *→Ätherleib*

Geistwesen: *Ein G. (Engel) ist ein Kind Gottes und Ebenbild →Gott-Vaters; ein vollkommenes, freies und lichtes Wesen, das in den reinen →Himmeln lebt, in der göttlichen Einheit und →Liebe. Es hat alle göttlichen →Wesenheiten und (Kindschafts-) →Eigenschaften in sich entwickelt.*

Die höchsten, lichtstärksten G. sind →Gott-Vater und Sein Sohn, →Christus. Auch die →Cherubim und →Seraphim sind Geistwesen und alle anderen Engel.

Gnadenzeit: *→Karenzzeit.*

Gott: *→Heiliger Geist, →Allgeist, →Äther (unpersönlicher Gott), →Gott-Vater und Gott-Sohn, →Christus.*

Gott-Sohn: *→Christus*

Gott-Vater: *G.-V. ist die erste und höchste Form, die Manifestation des →Allgeistes; daher wird Er auch Vater Ur genannt. Er wirkt in all Seinen →Eigenschaften und →Wesenheiten in der Allgegenwart. Er ist in absoluter Einheit mit dem Allgeist. Zusammen mit →Christus, Seinem erstgeschauten und erstgeborenen Sohn, regiert er in absoluter →Liebe die ganze Unendlichkeit. Jedes reine →Geistwesen schaut G.-V. von Angesicht zu Angesicht.*

Heiliger Geist: *Gott ist Geist, der →Allgeist (→Äther), der aus der →Urzentralsonne, dem ewigen geistigen*

Energiefeld, hervorgeht, der alles durchströmt, belebt und erhält.

Himmel: *Die ewigen, reinen, göttlichen Welten; das absolute Sein. Es gibt sieben Grundh., die den göttlichen →Eigenschaften und →Wesenheiten entsprechen. Diese Grundh. bestehen aus jeweils wiederum sieben Untersphären, da jede Eigenschaft bzw. Wesenheit Gottes jeweils jede andere in sich enthält.*

Ich Bin (das): *Das Ich Bin ist das ewige Allgesetz, der ewige Geist, die unendliche Liebe und die Unendlichkeit. Das I. B. ist die Lebenskraft in allem Sein und das Sein. Es ist das Unpersönliche, Selbstlose, ewig Gebende, Gott. Das I. B. ist die ewige Wahrheit, das Schöpferische, das formgewordene Gesetz, das Geistwesen in Gott.*

Inkarnation: *Einverleibung, Einkleidung einer →Seele in einen physischen Körper. Auch gebraucht für: Erdenleben (der Seele).*

Sinn und Zweck einer I. ist es, sich durch Selbsterkenntnis und Verwirklichung, durch ein Leben nach den göttlichen Gesetzen Schritt für Schritt in der Kraft →Christi zu läutern und zu reinigen, um aus dem Rad der Wiedergeburt freizukommen (→Reinkarnation) und so vom →Kausalgesetz in das →Absolute Gesetz zu gelangen. Manche Seelen inkarnieren auch, um anderen bei ihrer Entwicklung beizustehen.

Innerer Arzt und Heiler: *Die göttliche Heilkraft im Menschen; die Christuskraft (→Erlöserfunke), ist die erlösende und heilende Kraft in jeder →Seele. Wenn wir bereit sind, unser Leben nach den Gesetzen der →Liebe und des Lebens zu führen, wir also umkehren - und wir uns der Christuskraft in uns anvertrauen -, dann kann uns Linderung und Heilung geschenkt werden: zunächst für die Seele und nach Seinem Willen auch für den Körper.*

Innerer Weg (im Universellen Leben): *Der Weg zu →Gott im Innersten der →Seele, auch mystischer Pfad genannt; der Weg zurück in die ewige himmlische Heimat (→Himmel); der Weg der Läuterung und Reinigung von Seele und Mensch mit Hilfe und unter der Führung der Kraft Christi im Menschen (→Erlöserkraft); der Weg der Selbsterkenntnis, Verwirklichung und Erfüllung der ewigen Gesetze des Lebens und der →Liebe. Die sieben Entwicklungsstufen des Bewußtseins müssen nacheinander erschlossen werden.*

Der I. W. zu Gott wird heute in all seinen Stufen und Details von →Christus durch Sein →Prophetisches Wort in der Christlichen →Mysterienschule gelehrt, der Hohen Schule des Geistes Gottes. Das Ziel des I.n W.es ist die Einswerdung unseres Bewußtseins mit →Gott, die Wiederentfaltung des Göttlichen im Menschen.

Inneres Wort: *Sind auf dem →Inneren Weg die ersten vier Bewußtseinsstufen (→Wesenheiten Gottes) wei-*

testgehend gereinigt, so kann →Christus Seine Schüler direkt und unmittelbar führen, entweder durch die gereinigten Empfindungen aus dem →Bewußtsein oder durch Sein I. W., das im Innersten des Menschen so klar und deutlich vernehmbar ist wie die menschlichen Worte mit den äußeren Ohren. Das I. W. ist nur für den Schüler persönlich bestimmt, nicht für Zweite und Dritte, im Unterschied zum →Prophetischen Wort.

Intellekt: *Das menschliche Verstandesdenken, das mit Meinungen und Vorstellungen, Wünschen und Neigungen behaftet ist; es analysiert, wertet auf und ab. Der I. ist am Beginn des →Inneren Weges dienlich, wird jedoch im weiteren Verlauf veredelt, verfeinert und verinnerlicht. Aus dem Verstandesdenken wird das „Herzensdenken", das aus dem weitgehend erschlossenen inneren Bewußtsein strömt (→Inneres Wort).*

Karma: *Seelenschuld. Ein Verstoß (negative Ursache) gegen eines der ewigen Gesetze durch Empfinden, Denken oder Handeln geht nach einer →Karenzzeit (Gnadenzeit) über das →Unterbewußtsein in die →Seele (Buch des Lebens) ein und wird dort energetisch, d.h. schwingungsmäßig, in einer der sieben Seelenhüllen gespeichert. K. ist eine Belastung der Seele, die verhindert, daß sie von der göttlichen Lichtkraft (→Äther) voll durchstrahlt werden kann; die Seele ist daher „verschattet". Sie weist →Entsprechungen auf.*

Das K. kann abgebaut, d.h. durch das göttliche Gesetz der Gnade aufgehoben werden durch Erkenntnis der Ursachen, Reue, Bitte um Vergebung, Vergeben durch den Geschädigten und Wiedergutmachung. Frei sein von K. bedeutet Freiheit vom Rad der Wiedergeburt (→Reinkarnation). Wenn das K. nicht getilgt wird, kommt es in körperlichem Leid, in Krankheit, Not, Schicksalsschlägen und dergleichen zur Wirkung (→Kausalgesetz).

***Karenzzeit:** Hat ein Mensch eine negative Ursache gesetzt durch gesetzwidriges Empfinden, Denken oder Handeln (→Karma), so geht diese zunächst in die →Aura des Menschen ein. Nun hat der Mensch die Möglichkeit, sein Fehlverhalten einzusehen, zu bereuen, um Vergebung zu bitten, zu vergeben und wiedergutzumachen. Er empfängt während dieser K. oder Gnadenzeit vermehrt göttliche Impulse über das Gewissen. Sieht der Mensch seinen Fehler ein und kehrt um, so kann sich die negative Ursache auflösen. Kehrt er aber nicht um, läßt er die K. also verstreichen, so fällt die negative Ursache in die →Seele ein - sie wird zur Belastung der Seele, zur Seelenschuld (→Karma), die danach strebt, früher oder später eine entsprechende Wirkung hervorzubringen (→Kausalgesetz).*

Je weiter wir auf dem →Inneren Weg voranschreiten, um so kürzer wird die K., d.h. um so schneller fällt eine Ursache in die Seele ein und um so rascher hat sie eine Wirkung zur Folge.

Kasteiung: *Das Verdrängen und Unterdrücken von menschlichen Wünschen, Sehnsüchten, Fehlern und Schwächen. Führt nicht zum Freiwerden, sondern u.a. zu Intoleranz, →Fanatismus und Stagnation auf dem →Inneren Weg. Wir sollten das Menschliche statt dessen erkennen und mit Hilfe der Kraft →Christi überwinden durch kontrolliertes Erleben, schrittweises Verfeinern und Veredeln, durch Bejahen = Verstärken des geistig Höheren - durch rechte Disziplin.*

Kausalgesetz: *Das Gesetz von Ursache und Wirkung, das Karmagesetz: „Was du säst, wirst du ernten." Das göttliche Gesetz für die Erde und die →Reinigungsebenen.*

Weil das Göttliche die stark belasteten Menschen und →Seelen nicht mehr unmittelbar (→Inneres Wort) führen kann, führt es sie mittelbar über das →K.

Körperrhythmus: *Der K. ist die Bewegung aller geistigen und materiellen Körper - auf den Menschen bezogen: die Bewegung des →Geistleibes und des Körpers.*

Körperübungen: *→Bewußtseinsübungen*

Kommunikationen: *Die zwischen Sender und Empfänger (z.B. zwischen →Programmen) fließenden energetischen Abläufe.*

Künderprophet: *K.en gab es im Unterschied zu den →Lehrpropheten zu allen Zeiten. Durch sie hielt Gott die Verbindung zu Seinen Erdenkindern aufrecht. Durch sie bringt Er den Menschen das bereits offenbarte geistige Gut immer wieder nahe (→Prophet).*

Lebensspanne: *Die bestimmte, für die Inkarnation einer Seele vorgesehene Zeit, in der diese ihre Lebensprogramme (→ Programme) zu bewältigen hat. Der L. folgt die → Todesspanne des Menschen.*

Lehrprophet: *Der L. ist ein großer →Prophet, der in Umbruchphasen der Menschheitsgeschichte auftrat und auftritt. Durch L.en offenbart Gott der Menschheit bisher Unbekanntes aus der göttlichen Wahrheit, aus dem göttlichen Gesetz (→Absolutes Gesetz), insbesondere die Details (Stufen) des →Inneren Weges zu Gott, den sie den Menschen vorausgegangen sind. Schöpft der L. als Folge seiner vollen Bewußtseinsentfaltung unmittelbar aus dem Urgrund (dem Göttlichen), so wird er zum →Botschafter Gottes.*

Gabriele - Würzburg ist die Lehrprophetin Gottes für die Endzeit.

Lichtmauer: *Eine Strahlungsmauer, welche die reinen himmlischen Welten (→Himmel) von den →Fallwelten trennt. In der L. ist das Licht, das die →Geistwesen abgegeben haben, welche die reinen Himmel verlassen haben. Durch die Strahlungsmauer ge-*

langen nur jene zurück in die →Absolutheit, die →Christus als den →Mitregenten der Himmel anerkennen; denn: Keiner kommt zum Vater denn durch Ihn!

Liebe, göttliche: *Das Gesetz der Unendlichkeit; die unpersönliche, selbstlos gebende, sich immerdar verströmende, verbindende und einende Kraft →Gottes; das allumfassende Prinzip des Göttlichen.*

Logos: *Das göttliche →Bewußtsein, die ewige Intelligenz, „das Wort", die Urempfindung, das →Absolute Gesetz, das →Ich Bin.*

Maske: *Die M. ist der äußere Schein, hinter dem der Mensch seine niederen, menschlichen Regungen, seine Empfindungen und Gedanken verbergen möchte.*

Materie: *Als Folge des Fallgeschehens (→Fallebenen) heruntertransformierter →Äther; grobstoffliche Seinsform; das Leben auf der M., die zur Entwicklungsebene der Ordnung gehört, ist beschränkt auf die drei Dimensionen, auf Raum und Zeit.*

Die materiellen Strukturen werden vom →Geist Gottes beatmet, belebt und erhalten.

Mentalität, geistige: *In jedem →Geistwesen herrscht eine bestimmte →Eigenschaft oder →Wesenheit Gottes vor; sie entspricht auch der Himmelsebene, in der es beheimatet ist. Die spezifische Ausprägung* *der göttlichen Kräfte in einem Geistwesen bildet seine Mentalität.*

Mischgut: *Geistiges Wissen, das noch mit menschlichen Vorstellungen und Meinungen vermischt ist. Liegt eigenwilliges Streben vor oder ist der Empfänger noch im Menschlichen verhaftet, so ruft er aus der atmosphärischen Chronik (→Ätherchronik) ab oder von einem anderen, astralen Sender (→Astralebenen). Daraus folgt: Jeder Mensch trägt die Verantwortung für jedes Wort, das er an andere weitergibt.*

Mitregent der Himmel: *→Christus, der erstgeschaute und erstgeborene Sohn →Gott-Vaters, empfing als Erbe die →Teilkraft aus der →Urkraft. Damit ist Er der M. der →Himmel, Er sitzt zur Rechten des Vaters.*

Mysterienschule (Christliche): *→Christus offenbart heute der Menschheit über das →Prophetische Wort (→Prophet) den direkten Pfad zu →Gott. Er lehrt den →Inneren Weg, den christlich-mystischen Pfad der Liebe in allen Details. Verantwortlich dafür ist der →Cherub der göttlichen Weisheit, auf Erden →Bruder Emanuel genannt. Der Pfad zu Gott in der M. Christi beginnt mit einem meditativen Aufbereitungsweg und einem meditativen Ansprechungsweg, geht dann über die Intensivschulung bis zum Siebenfachen Mystischen Pfad - unter der direkten und unmittelbaren, persönlichen Führung durch →Christus im Inneren des Menschen.*

Mystisches Tagebuch: *Das Tagebuch des Intensivschülers, in das er seine positiven und negativen Erfahrungen einträgt, das Erkannte, noch zu Bearbeitende und das bereits Bewältigte - die Erfahrungen und Erkenntnisse des →Inneren Weges.*

Naturwesen: *Feinstoffliche geistige Lebensform, in der die →Wesenheiten Gottes - Ordnung, Wille, Weisheit und Ernst - voll entwickelt sind. In der geistigen Evolution der →Himmel sind die N. die Vorstufe zum →Geistwesen.*

Oberbewußtsein: *Das Bewußtsein des menschlichen Verstandes und Denkens, des Erinnerns - unser Alltagsbewußtsein.*

Offenbarung: *Kundgabe →Gottes über das →Innere Wort im Menschen sowie über das →Prophetische Wort (→Prophet).*

Opfermut (heroischer): *Die konsequente Entscheidung, das Niedrige (Menschliche) zugunsten des Höheren (Göttlichen) zu lassen, das Gesetzmäßige zu tun. Die absolute Ausrichtung auf das Göttliche. Immer wieder aufstehen, wenn wir gefallen sind. Motiv des heroischen O.es ist die Liebe zu und die Sehnsucht nach →Gott.*

Programme*: Energiekomplexe, gebildet durch wiederkehrende negative Empfindungen, Gedanken, Worte und Handlungen, die in den Seelenhüllen gespeichert sind.*

P., die für das irdische Leben dienen und P. aus unseren Anlagen und Fähigkeiten liegen in den Genen, im →Oberbewußtsein und →Unterbewußtsein.
Aktive P. senden und empfangen. Die energetischen Abläufe, welche zwischen einzelnen P. fließen, sind die →Kommunikationen.

Prophet: *Ein Sprachrohr →Gottes; Gott spricht (offenbart sich) durch den P.en in Seinem göttlichen →Ich Bin. Ein Mensch mit dem Auftrag, das göttliche Wort an die geistig taube und blinde Menschheit weiterzugeben. Der P. muß vorher den Läuterungspfad für Seele und Mensch beschreiten, um sich für seine Aufgabe zu reinigen.*

P.en waren ihren Zeitgenossen stets unbequem, da Gott durch sie wachrüttelte und zur Umkehr mahnte. Viele wurden verfolgt und getötet. Die →Lehrprophetin Gottes in unserer Zeit (der Endzeit) ist Gabriele - Würzburg.

Prophetisches Wort: *→Prophet; →Inneres Wort; →Lehrprophet, →Künderprophet.*

Reinigungsebenen: *Nach der Erlösertat Jesu →Christi wurden die →Astralebenen zu R. für die →Seelen.*

Reinkarnation: *Wiederholte Einverleibung (→Inkarnation) der →Seele, Wiedereinkörperung der Seele in einen Menschen. Das Rad der Wiedergeburt ist der abwechselnde Aufenthalt der Seele: auf der*

Erde, in den Seelenreichen, wieder auf der Erde u.s.f.

Wer sich über die ersten vier geistigen Entwicklungsstufen (Ordnung, Wille, Weisheit und Ernst) hinausentwickelt, verläßt den Anziehungsbereich der materiellen Welt; er gelangt aus dem Rad der Wiedergeburt und damit aus dem Wirkungsbereich des →Kausalgesetzes. Er lebt nun im →Absoluten Gesetz.

Satana: *S. ist der erste weibliche Engel (→Geistwesen), den →Gott-Vater schuf. Der Vater erhob sie zu Seinem →Dual, und sie empfing →Christus als den erstgeschauten und erst- (= ein-) geborenen Sohn Gott-Vaters. Sie saß zu Seiner Linken - bis in ihr gegensätzliche Empfindungen aufstiegen, sie ein geteiltes Reich wollte, sie andere Geistwesen vom Gehorsam gegenüber Gott abwarb und so das Fallgeschehen eingeleitet wurde (→Fallebenen). S. strebte schließlich die Auflösung aller Formen im ewigen →Äther an - was jedoch durch die →Erlösertat Jesu Christi verhindert wurde. Sie erkannte und bereute ihr Fehlverhalten und ist seither bestrebt mitzuwirken, daß alle belasteten →Seelen wieder in die →Absolutheit (→Himmel) zurückkehren. S. ist solange außerhalb der →Lichtmauer, bis jede Seele zurückgekehrt ist.*

Schutzgeist: *Ein S. ist ein jedem Menschen und jeder →Seele zur Führung und zum Schutz beigestelltes →Geistwesen (Engel) oder auch eine weitgehend ge-*

reinigte Seele aus den →Vorbereitungsebenen zur Absolutheit.

Seele: *Die S. ist der belastete →Ätherleib des einstmals reinen →Geistwesens. Sie besitzt sog. →Seelenhüllen, bestehend aus den Verschattungen, die sich infolge des gesetzwidrigen Empfindens, Denkens, Redens und Tuns herausgebildet haben.*

Die S. ist während ihrer →Inkarnation in einem menschlichen Körper, um sich in Raum und Zeit durch Selbsterkenntnis mit Hilfe der göttlichen Kraft Christi (→Erlöserfunke) zu läutern. Nach Ablegen des physischen Leibes geht sie in die Seelenbereiche (→Fallebenen), die ihrer geistigen Entwicklung entsprechen, d.h. der Art und dem Grad ihrer Belastung, ihrer Verschattung.

In der S. ist alles aufgezeichnet und gespeichert, was wir in diesem und in anderen Erdenleben gedacht, gesagt und getan haben. Die S. ist „das Buch des Lebens".

Das reine Geistwesen, d.h. der unbelastete →Ätherleib mit dem sogenannten →Wesenskern oder Gottesfunken in seinem Innersten - unser eigentliches Wesen - lebt ewig.

Durch Christi →Erlösertat ist gewährleistet, daß sich jede S. reinigen wird und als reines Geistwesen wieder in die himmlischen Welten zurückkehren wird.

Seelenhüllen: *Die S. bildeten sich, als das ehemals reine →Geistwesen in immer tiefere Schwingungs-*

zonen außerhalb der →Himmel fiel. Die sieben immateriellen S. sind die niedriger schwingenden Verschattungen des reinen →Geistleibes. In ihnen sind die noch nicht gesühnten Übertretungen des göttlichen Gesetzes als →Entsprechungen, als Schuld gespeichert (→Karma). Hier ruhen aber auch die getilgten Ursachen als Erfahrung, als Erinnerung. Während der →Inkarnation schachteln sich die S. ein in den menschlichen Körper, und aus ihnen heraus entwickeln sich die →Bewußtseinszentren, welche die energetischen Verbindungszentren zwischen →Seele und Mensch sind.

Seelenpartikel: *So wie der menschliche Körper aus Zellen besteht, so ist der reine Geistleib (→Ätherleib) aus Partikeln. Die Struktur der →Seele ist vergleichbar mit den übereinanderliegenden Schuppen des Fisches.*

Sind die Partikel des Geistleibes verschattet, so sind die geistigen →Atome in den Partikeln nicht mehr exakt auf die Quelle der Lebenskraft, den göttlichen →Wesenskern im Innersten der Seele, ausgerichtet. Daher vermag in diesen Zonen der Seele die Geistkraft (→Äther), die Lebenskraft, nicht ungehindert frei zu fließen. Durch ein Leben nach den göttlichen Gesetzen richten sich, nach und nach, die geistigen Atome wieder auf den Wesenskern, auf die →Urkraft, aus. Der →Allgeist durchstrahlt sodann vermehrt Seele und Mensch, was zur Erweiterung des →Bewußtseins und zum Abbau der →Seelenhüllen führt.

Seelenschuld: *→Karma*

Seraph: *Die ersten weiblichen Engel (→Geistwesen) sind (ausgenommen →Satana) die Seraphim. Die Seraphim sind die →Duale der →Cherubim. Zusammen mit ihnen bilden sie die sieben himmlischen Fürstenpaare, die den sieben →Himmeln vorstehen; sie repräsentieren jeweils eine →Eigenschaft bzw. →Wesenheit Gottes.*

Silberband: *Silberschnur, Odband; geistiges, energetisches, flexibles und unendlich dehnbares Band aus komprimierter →Äther- (Od-)kraft. Wenn die →Seele des Menschen des Nachts ihren Körper verläßt, bleibt sie über dieses S. mit ihm verbunden. Über diese Verbindung fließen Energie und Informationen. Wird dieses Band zertrennt, tritt der physische Tod ein.*

Teilkraft (der Urkraft): *Ein Drittel der positiven Urkraft, das Erbe Christi. In dieser Kraft wirkt →Christus in den vier →Wesenheiten Gottes in der Allgegenwart. Dadurch ist Er der →Mitregent der Unendlichkeit.*

Dieses Erbe Christi teilte Er bei Seiner →Erlösertat in einzelne Funken auf; in jede →Seele gebar sich ein solcher →Erlöserfunke ein. Sie ist die stützende und nährende Kraft in jeder Seele, die jede einst zur →Absolutheit zurückkehren läßt; denn die T. strebt danach, wieder in die Urkraft einzugehen.

Unterbewußtsein: *Das U. liegt in tieferen Schichten des Gehirns, speichert Vergessenes, Unbewältigtes, Verdrängtes aus diesem Leben. Durch den →Inneren Weg wird vieles wieder bewußt und kann bearbeitet und aufgelöst werden.*

Unterkommunikation: *Die U.en sind → Kommunikationen von Programmen, die im Unterbewußtsein und in den Seelenhüllen liegen. Über diese U.en kann der Mensch fremdgesteuert werden. Diese U.en gilt es zu erkennen und abzubauen.*

Urkraft: *Der →Allgeist (→Heiliger Geist), bestehend aus zwei Dritteln positiver und einem Drittel negativer Kraft, welche in Wechselwirkung zueinander stehen - wodurch Energie entsteht (→Äther).*

Urzentralsonne: *Das Herz des Kosmos; das zentrale Urgestirn der →Himmel, ein Kraftfeld mit unendlichem Energiepotential, die Quelle der →Urkraft, des fließenden →Äthers. Aus der U. strömen alle Energien der Unendlichkeit. Um die U. kreisen die sieben zweiten Ursonnen, die Prismensonnen, mit den sieben Himmelsebenen.*

Vergangenheit: *All das, was von uns nicht mehr verändert werden kann, was bereits vergangen ist, mit dem wir uns aber immer wieder gedanklich beschäftigen; es somit nicht entlassen, sondern beständig mit neuer Gedankenenergie vermehren, oder Erfahrungen, die noch nicht verarbeitet sind, also noch wirken.*

Verwirklichung: *Das Umsetzen in die Tat dessen, was ich aus dem göttlichen Gesetz erkannt habe, und konsequentes Leben nach dem göttlichen Gesetz. Stete V. führt zur schrittweisen Erfüllung der göttlichen Gesetze. Nur die V. und Erfüllung hat die Entfaltung des →Bewußtseins zur Folge. Der Erleuchtete lebt in der Erfüllung der ewigen Gesetze (→Absolutes Gesetz). Er schöpft aus der göttlichen Weisheit, die in ihm wirksam ist.*

Vorbereitungsebenen: *Die drei →Fallebenen, die der →Lichtmauer am nächsten sind; sie wurden durch die →Erlösertat Jesu Christi zu V.*

Welt: *Mit „Welt" (ebenso: „weltlich") meint der sich offenbarende Geist Gottes nicht den Planeten Erde, sondern all das, was auf dieser Erde aus gegensätzlichem Wirken der Menschen hervorgegangen ist.*

Wesenheiten Gottes: *Die W. G. sind vier der sieben Grundschöpfungskräfte. Sie heißen: Ordnung, Wille, Weisheit und Ernst (→Eigenschaften Gottes).*

Wesenskern: *1. W. des Ätherleibes des reinen →Geistwesens und damit auch der W. der →Seele; ihr geistiges „Herz", der unbelastbare Gottesfunke im Innersten. Über den W. ist jedes Wesen an den großen Energiekreislauf der Unendlichkeit angeschlossen, also mit →Gott unlösbar verbunden. Durch den W. fließt die reine Geistkraft (→Äther) in* *den Ätherleib und bei den Fallwesen von dort in den physischen Leib.*

2. W. der Urzentralsonne: besteht aus zwei Dritteln positiver und einem Drittel negativer →Urkraft, die in ihrer Wechselwirkung die Energie für die ganze Unendlichkeit erzeugen.

3. W. des geistigen →Atoms: der Atomkern, bestehend wiederum aus zwei Dritteln positiver und einem Drittel negativer →Urkraft, die in ihrer Wechselwirkung den Energiefluß innerhalb des →geistigen Atoms in Gang halten.

V.
Anhang

Die Bücher und Cassetten des Inneren Weges

Der Innere Weg im Universellen Leben ist ein geistiger Schulungsweg, der über die Selbsterkenntnis zu Gott führt. Dieser Weg zum Reich Gottes im Innersten jedes Menschen beginnt mit zwei aufbereitenden Meditationskursen. In der nachfolgenden Intensivschule finden wir über die Stufen Ordnung, Wille, Weisheit und Ernst zur unmittelbaren Führung durch Christus. Erstmals in der Geschichte der Christenheit ist damit den Gottsuchenden der Schulungsweg des Inneren in allen Stufen und Details zugänglich - offenbart von Christus und Seinem Diener, Bruder Emanuel.

Die vorbereitenden Meditationskurse

Urchristlich Meditieren I

Cassettenkurs: *7 Cassetten mit 12 Meditationen, die uns in unser Inneres führen und uns helfen, unser Denken und Leben mehr und mehr auf Gott auszurichten.*

DM/SFr 120,-, ÖS 960,-, Best.-Nr. F 100

Buch: *Als Ergänzung zu diesem Cassettenkurs gibt es die Meditationen auch in Buchform mit 12 ganzseitigen Farbbildern zu den einzelnen Meditationen.*
Mit komplettem Notensatz zu den Körperübungen und eingelegten Postern.

208 S., geb.,DM/SFr 35,-, ÖS 273,- Best.-Nr. S 122

Urchristlich Meditieren II

Cassettenkurs: *6 Textcassetten mit 12 Meditationen. Im Kurs „Urchristlich Meditieren II" sprechen wir gezielt die einzelnen Bewußtseinszentren im menschlichen Körper an und aktivieren so die Selbstheilungskräfte in Seele und Leib.*

DM/SFr 100,-, ÖS 800,-, Best.-Nr. F 200

Buch: *Als Ergänzung zu diesem Cassettenkurs gibt es die Meditationen auch in Buchform mit 12 ganzseitigen Farbbildern zu den einzelnen Meditationen.*
Mit komplettem Notensatz zu den Körperübungen und eingelegten Postern.

271 S., geb.,DM/SFr 35,-, ÖS 273,- Best.-Nr. S 128

Die vier Stufen des Inneren Weges

Der Innere Weg - Stufe der Ordnung

ca. 288 S., geb., DM/SFr 45,-, ÖS 360,-, Best.-Nr. S121

Auf der Stufe der Ordnung lernen wir, unsere Gedanken zu kontrollieren, unsere Rede zu zügeln und unsere Sinne zu verfeinern.

Der Innere Weg - Stufe des Willens

ca. 250 S., geb., DM/SFr 45,-, ÖS 360,-, Best.-Nr. S 124

Auf der Stufe des Willens lernen wir, den Willen Gottes mehr und mehr zu erfassen und in die Tat umzusetzen.

Der Innere Weg - Stufe der Weisheit

ca. 290 S., geb., DM/SFr 45,-, ÖS 360,-, Best.-Nr. S 129

Auf der Stufe der Weisheit beginnen wir, aus dem in uns bisher erschlossenen Bewußtsein zu schöpfen und zu handeln.

Der Innere Weg - Stufe des Ernstes

ca. 280 S., geb., DM/SFr 45,-, ÖS 360,-, Best.-Nr. S 126

Auf der Stufe des Ernstes schließlich lösen wir alle Bande an das Gesetz von Ursache und Wirkung.

Nähere Informationen
über den Inneren Weg und das Universelle Leben
senden wir Ihnen gerne zu.

*

Der Weg für Kinder und Jugendliche zum gerechten, gesetzmäßigen Leben

Durch die Prophetin Gottes in unserer Zeit, unsere Schwester Gabriele, offenbart sich Liobani, ein reines Wesen der Himmel. Sie schenkt den Kindern dieser Welt den Weg zu Freiheit, Gesundheit, innerem Glück, selbstloser Liebe, der es ihnen ermöglicht, auch inmitten dieser turbulenten Erdenzeit in ein wahres geistiges Leben hineinzuwachsen. Die Eltern und Lehrer sind Vorbild, Freund und Berater.

Liobani: Ich erzähle - hörst Du zu?

(1. Lebenstag - 6 Jahre)

104 S., 7 Farb-Illustr., geb., DM/SFr 16,80, ÖS 131,-

Liebevoll erklärt Liobani in diesem Buch den Kleinsten und Kleinen den Sinn ihres Erdenlebens: Wer bin ich? Woher komme ich? Wohin gehe ich? Sie erzählt auch von Schutzengeln und Naturwesen und von deren vielfältigen Aufgaben zum Wohle der Menschen, der Natur und der Tiere.

Liobani: Ich berate - nimmst Du an?

(6 - 12 Jahre)

312 S., geb., über 60 Farbillustr, DM/SFr 42,80, ÖS 334,-

Aufbauend auf dem 1. Band, führt Liobani die Kinder und Heranwachsenden von 6 bis 12 Jahren hinein in ein Leben nach den göttlichen Gesetzen. Sie erweckt in ihnen die positiven Kräfte und führt sie zu geistiger

Dynamik, Freiheit und Selbständigkeit. Dadurch entwickeln sie die Fähigkeit zu einem Leben in der Gemeinschaft, zum freudigen Füreinander und Miteinander. So wächst in ihnen auch eine natürliche Verbindung mit den Naturreichen und mit allem, was lebt. Liobani offenbart auch Spiele zur Schulung der Sinne, der Konzentration und der Selbsterkenntnis sowie zauberhafte Erzählungen aus dem Leben der Elfen und Wichtel, der unsichtbaren Helfer der Natur.

Liobani: Ich erkläre - machst Du mit?

(12 - 18 Jahre)

208 S., geb., DM/SFr 28,50, ÖS 220,-

In diesem dritten Band geht Liobani einfühlsam auf den Heranwachsenden ein, auf alles, was ihn in der Reifezeit bewegt und berührt. Ihre göttlichen Belehrungen, Wegweisungen und auch praktischen Übungen geben dem jungen Menschen Hilfe, sich klar zu erkennen, Situationen zu durchschauen und bewußt zu entscheiden. Er gewinnt das tiefe Vertrauen, in jeder Lebenssituation vom Inneren Helfer und Ratgeber, Christus, geführt zu sein.

*

Weitere Offenbarungen aus dem Christus-Gottesgeist

Das ist Mein Wort
A und Ω
Das Evangelium Jesu
Die Christusoffenbarung, welche die Welt nicht kennt

Sammelband, geb., 1114 S., geb., DM/SFr 49,50, ÖS 386,-
Band 1, geb., 362 S., DM/SFr 23,80, ÖS 186,-
Band 2, geb., 396 S., DM/SFr 24,80, ÖS 193,-
Band 3, geb., 444 S., DM/SFr 27,80, ÖS 217,-

Ein epochemachendes Werk, das weit über den Inhalt der Bibel hinausgeht, denn es enthält authentisch das tatsächliche Leben, Denken und Wirken Jesu vor 2000 Jahren, den wir als den Sohn Gottes und Geistigen Lehrer näher erfahren.

In „Das ist Mein Wort" sagt uns Christus selbst durch Sein Prophetisches Wort heute, wie Er in Seiner Erdenzeit als Jesus von Nazareth in Wahrheit lebte und wirkte. Als Grundlage wählte Christus das außerbiblische Buch „Das Evangelium Jesu", welches Er durch Seine weiterführende Offenbarung nicht nur berichtigt, sondern auch vertieft - entsprechend dem Bewußtsein der Menschen von heute.
***Aus dem Inhalt:** Eine Fülle bisher unbekannter Aspekte aus dem Leben Jesu - Die Bergpredigt, von Christus jetzt näher ausgelegt und vertieft - Grundlegendes über Leben und Tod - Das Gesetz von Saat und*

Ernte als Hilfe zur täglichen Selbsterkenntnis - Gewaltanwendung und Blutvergießen sind gegen das Gesetz Gottes - Das Töten der Tiere oder ihr Mißbrauch durch den Menschen sowie das Schänden der Natur sind Gott ein Greuel - Es gibt keine ewige Verdammnis - Wer sind die reißenden Wölfe im Schafspelz? - Hinweise auf Mißbrauch des Namens Christi für unchristliche Zwecke - Der freie Wille des Menschen - Die kommende Lichtzeit - Das Friedensreich entsteht durch die Menschen, die Gottes Willen tun - u.v.m.

Ursache und Entstehung aller Krankheiten
Was der Mensch sät, wird er ernten
224 S., geb., DM/SFr 26,80, ÖS 209,-
Diese umfassende Christusoffenbarung läßt uns in das ewige Gesetz Gottes schauen, erklärt das Fallgeschehen und das in den Fallwelten wirksame Kausalgesetz, das Gesetz von Ursache und Wirkung. Christus gibt uns völlig neue tiefe Einblicke in die Zusammenhänge von Kosmos und Welt, in die Grenzbereiche zwischen Geist und Materie und in die Abläufe im Inneren des Menschen, die zu Krankheit oder zu Gesundheit führen. Eine Revolution der Heilkunde, ein Appell an uns alle.

Vaterworte auch an Dich
104 S., geb., DM/SFr 13,50, ÖS 105,-

Christus enthüllt:
Der Dämonenstaat,
seine Helfershelfer und seine Opfer
88 S., kart., DM/SFr 19,80, ÖS 155,-

Das Leben mit unseren Tiergeschwistern
Du, das Tier - Du, der Mensch
Wer hat höhere Werte?
136 S., kart., DM/SFr 20,80, ÖS 162,-

Erkenne und heile Dich selbst
durch die Kraft des Geistes
214 S., kart., DM/SFr 15,50, ÖS 170,-

Bücher der Prophetin Gottes

Lebe den Augenblick
und Du siehst und erkennst Dich
80 S., kart., 2. Aufl., DM/SFr 14,80, ÖS 115,-

Das Werk der Erlösung
A und Ω
Christus, unser Erlöser,
der Herrscher des Friedensreiches,
des Reiches Gottes auf Erden,
kommt uns Menschen immer näher
50 S., kart., DM/SFr 9,80, ÖS 77,-

Inneres Beten
Herzensgebet, Seelengebet, Äthergebet, Heilgebet
112 S., geb., DM/SFr 14,80, ÖS 115,-

Für Dich zum Nachdenken
208 S., geb. Format 8,5 x 11 cm, DM/SFr 14,80, ÖS 115,-

*

Bücher im Universellen Leben
sind auch in vielen Sprachen erhältlich;
viele Titel sind ebenfalls in Blindenschrift übertragen
(Braille-Schrift), die wir gerne verleihen.

Die Information über alle weiteren
Bücher, Casetten und Videos
entnehmen Sie bitte
unserem neuesten Gesamtverzeichnis. *
Wir übersenden es Ihnen gerne kostenlos.

Universelles Leben
Haugerring 7
W-8700 Würzburg

---

* *Es gelten die Preise des aktuellen Verzeichnisses.*

Absender:

Familienname

Vorname

Straße/Haus-Nr.

PLZ/Wohnort

Datum, Unterschrift

Postkarte
bitte
frankieren

POSTKARTE

Universelles Leben
Postfach 5643

D-8700 Würzburg

Absender:

Familienname

Vorname

Straße/Haus-Nr.

PLZ/Wohnort

Datum, Unterschrift

POSTKARTE

Postkarte
bitte
frankieren

Universelles Leben
Postfach 5643

D-8700 Würzburg

✂- -

Hiermit bestelle ich:

.... Ex. **Urchristlich Meditieren I**
Buch: 208 S., geb., DM/SFr 35,–, ÖS 273,–

.... Ex. **Urchristlich Meditieren I**
Cassettenkurs: 7 Cass., DM/SFr 120,–, ÖS 960,–

.... Ex. **Urchristlich Meditieren II**
Buch: 271 S., geb., DM/SFr 35,–, ÖS 273,–

.... Ex. **Urchristlich Meditieren II**
Cassettenkurs: 6 Cass., DM/SFr 100,–, ÖS 800,–

.... Ex. **Der Innere Weg – Stufe der Ordnung**
Buch: ca. 288 S., geb., DM/SFr 45,–, ÖS 360,–

.... Ex. **Der Innere Weg – Stufe des Willens**
Buch: ca. 250 S., geb., DM/SFr 45,–, ÖS 360,–

.... Ex. **Der Innere Weg – Stufe der Weisheit**
Buch: ca. 290 S., geb., DM/SFr 45,–, ÖS 360,–

.... Ex. **Der Innere Weg – Stufe des Ernstes**
Buch: ca. 250 S., geb., DM/SFr 45,–, ÖS 360,–

☐ Bitte senden Sie mir kostenlose Informationen über den **Inneren Weg im Universellen Leben**

☐ Bitte senden Sie mir kostenlos ein **Gesamtverzeichnis** aller Bücher, Cassetten und Videos

Datum, Unterschrift: ____

Es gelten die Preise der aktuellen Bücherliste.
Für Porto und Verpackung wird eine Pauschale von DM 3,– erhoben.